广东地方治理创新研究丛书

肖 滨 朱亚鹏 主编

理解中国治理的广东样本
——广东经验的理论分析

肖 滨 著

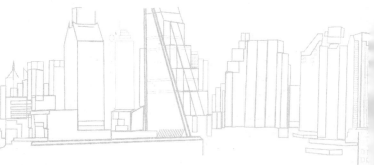

·广州·

版权所有　翻印必究

图书在版编目（CIP）数据

理解中国治理的广东样本：广东经验的理论分析/肖滨著. —广州：中山大学出版社，2017.5
（广东地方治理创新研究丛书/肖滨，朱亚鹏主编）
ISBN 978 - 7 - 306 - 06035 - 8

Ⅰ. ①地… Ⅱ. ①肖… Ⅲ. ①地方政府—行政管理—研究—广东 Ⅳ. ①D625.65

中国版本图书馆 CIP 数据核字（2017）第 081971 号

出版人：徐　劲
策划编辑：嵇春霞
责任编辑：周　玢
封面设计：曾　斌
责任校对：李艳清
责任技编：何雅涛
出版发行：中山大学出版社
电　　话：编辑部 020 - 84110771，84113349，84111997，84110779
　　　　　发行部 020 - 84111998，84111981，84111160
地　　址：广州市新港西路 135 号
邮　　编：510275　传　真：020 - 84036565
网　　址：http://www.zsup.com.cn　E-mail：zdcbs@mail.sysu.edu.cn
印　刷　者：佛山市浩文彩色印刷有限公司
规　　格：787mm×1092mm　1/16　15.25 印张　205 千字
版次印次：2017 年 5 月第 1 版　2017 年 5 月第 1 次印刷
定　　价：52.00 元

如发现本书因印装质量影响阅读，请与出版社发行部联系调换

教育部人文社会科学重点研究基地
中山大学中国公共管理研究中心重大项目"中国特色的治理理论构建（16JJD630012）"研究成果

总　　序

20世纪八九十年代以来，经济全球化和以信息技术为导向的新技术革命浪潮席卷世界各国；它们不但深刻地改变了国际经济、政治格局，也快速重塑着全球治理体系。全球化在带来了重大红利的同时，也给不同经济体之间以及各经济体内部带来了一系列分化与冲突，并由此引发了全球性的治理危机。不同国家回应危机的方式大相径庭，乃至直接催生出全球化与逆全球化之间角力的局面。作为全球化的参与者、受益者和积极推动者，近年来，中国积极谋划顶层设计，在规范公共权力运行、营造公平市场环境和维护公共秩序等方面进行了大胆改革与创新，力图通过创新和善治解决国内发展中遇到的新问题，并努力为推动世界经济发展和全球善治贡献中国智慧，体现了引领全球化发展的大国担当。

面对全球化带来的机遇和挑战，改革与发展成为当代中国的必然选择。党的十八届三中全会进一步将"推进国家治理体系和治理能力现代化"确定为全面深化改革的总目标，力争在2020年形成系统完备、科学规范、运行有效的现代制度体系。我们有理由认为，这不仅是一个事关中国国内治理的战略布局，它也为增强中国参与全球治理的能力、为全球治理提供"中国方案"创造了契机。在近40年中，中国融入了全球化浪潮，不但保持着经济高速增长，而且社会总体稳定并充满活力。因此，越来越多的人从直接关注中国的经济奇迹，开始转向探究这种经济奇迹背后的政治动力和社会诱因。事实上，近年来，中国的治理经验已开始被越来越多的国家所认可和借鉴。

然而，作为一个发展中的大国，积极的地方探索是中国改革开放得以成功的一条重要经验。为应对现代化和全球化进程中的各种挑战，中国涌现了大量的地方治理创新典型案例，其直接动力根植于地方社会不同类型行动者的持续互动之中。换言之，在特定的结构和制度情景中，不同的行动者通过互动，逐步消弭利益冲突并达成政策共识，进而让公共问题最终得到解决。虽然随着改革进入深水区，中央顶层设计的必要性日益凸显，但保持地方自主探索的活力依然是中国治理现代化不可或缺的一环。在此意义上，为了更好地总结中国的治理经验，并准确揭示它们背后的动力及其作用机制，我们需要将研究触角进一步下沉到纷繁复杂的地方治理实践过程之中，以便为下一步对全球治理之"中国方案"的学理表达提供切实的地方性经验的支撑。

作为改革开放的前沿地带，广东地方治理创新始终保持着热度，甚至在全国都起到了引领示范的作用。改革开放以来，广东一直秉持"敢为天下先"的精神，在诸多领域积极进行探索创新，无论是在经济发展、法治民主建设方面，还是在社会建设等方面，都大胆突破，涌现出一大批治理创新的典型案例。它们在地方实践的意义上构成了推进国家治理体系和治理能力现代化最直接的注脚，堪称理解中国治理经验的"广东样本"。

2012年年末，习近平总书记在广东考察时强调指出，"广东要努力成为发展中国特色社会主义的排头兵、深化改革开放的先行地、探索科学发展的试验区，为率先全面建成小康社会、率先基本实现社会主义现代化而奋斗"。这成为广东进一步推进治理体系和治理能力现代化建设的新起点和动力源。5年来，广东积极响应中央号召，在改革行政审批制度、优化基层自治、扩大公民有序参与、创新社会治理模式等方面继续着力，探索出了许多治理创新的新经验。立足于这些鲜活的广东治理创新案例，从实践出发提炼具有解释力和穿透力的理论体系，参与全球治理理论对话，进而提升中国国家治理的绩效和品质，将是一件兼具学术价值和现实意义的研究工程。

在此背景下，中山大学政治与公共事务管理学院、中山大学中国公共管理研究中心、中山大学当代中国政治研究中心本着"问人间政治之道以善政天下，求公共管理之理为良治中国"的一贯宗旨，推出《广东地方治理创新研究丛书》，试图对广东治理体系和治理能力现代化建设的理论基础、实践经验和未来走向进行一次系统地总结和探讨，内容涵盖政府内部纵横双向权力配置改革，国家、市场、社会与群众四者之间的协同共治关系变革，以及基层自治与社会治理革新等多个方面，为深入理解广东地方治理创新实践提供有益的理论解释，为广东破解发展难题、增强发展动力、厚植发展优势奠定坚实基础。

在中国改革开放40周年即将到来之际，我们也希望以出版本套丛书为契机，抛砖引玉，激发新一轮关注国家治理体系与治理能力现代化建设的研究潮流。一方面，除广东外，国内还有浙江、贵州等许多地区在不同公共领域中大胆尝试，形成了一大批集国家、社会与市场力量智慧于一体的治理创新模式。这些具体的治理实践内容丰富、成绩亮眼，不但值得深入剖析和总结，而且是进行不同地区治理创新比较研究的珍贵素材。我们希望学术界和实务界有更多人能投身于中国治理创新的研究及实践之中，为"中国经验"的提炼提供助益。另一方面，如何解决公共领域中的治理问题，进而建构善治良序的局面是世界性的难题。以中国治理经验为基础，通过实践分析、理论建构参与全球治理理论对话和治理实践质量优化也正当其时。我们愿与学界同仁一道,在做好充分的中国地方治理研究的基础上,基于国际比较的宽广视野,进一步推进更具普遍适用性的治理理论创新,真正彰显中国治理经验对于推动现代政治文明更新和治理理念发展的作用。

目录
CONTENTS

引论　中国国家治理现代化的战略定位
　　一、历史趋势：从专政、管理到治理 …………………………… 5
　　二、现实挑战：外部关系与内部结构 …………………………… 8
　　三、全球视野：中国与世界 ……………………………………… 12
　　四、优化治权：重构执政合法性 ………………………………… 16

第一章　广东治理创新：历史把握
　　一、广东治理创新的基本历程 …………………………………… 23
　　二、广东为中国国家治理创新探路 ……………………………… 30
　　三、广东治理创新与中国国家治理现代化 ……………………… 41

第二章　地市网络问政：构建问责机制的河源经验
　　一、界定问责：分析脉络与概念重构 …………………………… 57
　　二、从问责看网络问政：以河源市的实践为例 ………………… 60
　　三、网络问政建构问责：四个层面的理论分析 ………………… 68

第三章　区县治权改革：创新基层治理的顺德实践
　　一、历史轨迹：从产权改革到治权改革 ………………………… 79
　　二、动力机制：从上下驱动到内部激活 ………………………… 84
　　三、改革线路：从变革治理主体到理顺治理关系 ……………… 89
　　四、治理创新：四个维度的解释与评判 ………………………… 100

第四章　乡村自治优化：摸索乡村善治的下围实验
　　一、文献评论与问题的提出 ……………………………………… 111

二、下围村村民自治的"困境"与出路 ………………… 118
　　三、村民代表议事制度：六个要素的有机整合 ……… 121
　　四、结论与讨论 …………………………………………… 128

第五章　乡村自治新路：寻求"三元统一"的广东探索
　　一、重构解释村民自治困境的新框架：从已有的论述出发
　　　 ………………………………………………………… 133
　　二、广东探索村民自治新形式：分散的个案与总体的画面
　　　 ………………………………………………………… 140
　　三、一核主导、双重服务：为领导权、行政权定位 ……… 145
　　四、政经分离：让自治权与经济权脱钩 ………………… 149
　　五、三元制衡与多层共治：优化自治权内部的纵横结构
　　　 ………………………………………………………… 153
　　六、四权同步：完整落实村民的四种参与权 …………… 161
　　七、理论定位与进一步的讨论 …………………………… 165

第六章　地方治理创新的广东模式：一个理论分析框架
　　一、从"中国模式"说起：对学界争论的梳理 ………… 173
　　二、广东模式的历史由来：四种合力之结果 …………… 176
　　三、广东模式的支点之一：集刚性和弹性于一体的威权体系
　　　 ………………………………………………………… 179
　　四、广东模式的支点之二：双重主导的经济发展方式 … 190
　　五、广东模式的支点之三：参差不齐与非平衡的社会体系
　　　 ………………………………………………………… 204
　　六、结语：广东模式的历史与未来 ……………………… 219

附录 ………………………………………………………… 225
　　评论：以政府改革推动社会治理创新 …………………… 225
　　访谈：寻求更优的国家治理 ……………………………… 228

后记 ………………………………………………………… 234

引 论

中国国家治理现代化的战略定位*

近年来,"治理"一词不仅在学术文献中常见,还频频出现在执政党的文件中。不过,如果加以仔细分析,人们会发现,穿梭于两类文本中的"治理"一词可能属于"术语相同、话语各异"的情形。换言之,在两类文本中,实际上存在两套"治理话语":一套是学术版的"治理话语",集中流行于学术界,它的学术资源主要来自西学文献中的"governance"概念,其基本元素包括多元(国家、公民、私营部门等)互动、协商共治、民主参与、规则约束等;[①]另外一套不妨称为文件版的"治理话语",它主要

---

* 本章原文载于《中国人民大学学报》2015年第2期,此次收录,内容略有改动。
① 参见俞可平《治理与善治》,中国社会科学出版社2000年版,第5~8页。

出现在有关文件中。

有学者指出,改革开放以来,"治理"一词尽管在执政党文件中的使用频次不断攀升,使用范围也不断扩大(从中国共产党中央委员会全体会议文件进入中国共产党全国代表大会报告,直至进入《中国共产党章程》),治理的对象也从早期的自然环境扩展到社会事务,但执政党文件中的"治理"概念在很长一段时间里似乎主要沿袭汉语中"治理"一词的传统含义,即统治与管理。① 因此,就文件版本的治理话语而言,其核心元素不过是治国理政意义上的统治与管理而已,它与以"governance"为基调的学术版的治理话语显然有根本性的区别。

然而,近年来,文件版本的治理话语似乎出现了某种意义上的转折,即在一定程度上有靠近学术版治理话语的迹象。这样,两套治理话语开始有了某种交集。一个例证就是"社会管理"直接被"社会治理"所取代的事实:"社会管理"原本已被党的十八大政治报告采纳(使用16次),而且进入了党的十八大修改后的党章,但在党的十八届三中全会通过的《中共中央关于全面深化改革若干重大问题的决定》中被"社会治理"一词替代。值得关注之处在于,"'社会管理'一词的遭遇——无论是其登高,还是其滑坡,都是改革开放以来中共文件政治中罕见的现象"②。尽管文件中"社会治理"一词的内涵在很大程度上仍然接近"社会管理"所表述的意思,即依然继续在政府管理的基本职能的意义上使用该词,但它如此迅速地替换"社会管理"一词究竟意味着什么?

---

① 参见景跃进《党的重要文件中的治理话语——由十八届三中〈决定〉引发的思考》,见俞可平主编《推进国家治理与社会治理现代化》,当代中国出版社2014年版,第138页。

② 景跃进:《党的重要文件中的治理话语——由十八届三中〈决定〉引发的思考》,见俞可平主编《推进国家治理与社会治理现代化》,当代中国出版社2014年版,第139页。

从表面来看，这在一定程度上表明，文件版本的治理话语吸纳了学术版治理话语的某种元素。但是，从深层而言，文件术语变化的真正意义可能在于紧密关联的两个方面：一方面，"'从管理到治理'的过程确确实实在中国发生着"①；另一方面，执政者正在试图回应中国改革实践中发生的从管理趋向治理的转变。由此引出的问题是，从战略选择的高度看，党的十八届三中全会提出实现国家治理现代化决定的战略定位究竟是什么？本章的分析将表明，顺应历史趋势、回应现实挑战、立足全球视野、优化治权以重构执政合法性是执政党提出中国国家治理现代化命题的核心理据所在。由此，我们将从历史趋势、现实挑战、全球视野和优化治权四个维度来回答上述问题，以确立中国国家治理现代化的战略定位。

---

① 景跃进：《党的重要文件中的治理话语——由十八届三中〈决定〉引发的思考》，见俞可平主编《推进国家治理与社会治理现代化》，当代中国出版社 2014 年版，第 139 页。

一、历史趋势：从专政、管理到治理

如果说文件中术语表述的变化在一定程度上折射出执政党试图回应中国改革实践中发生的从管理趋向治理的转变，那么，由此做出战略性的选择，首先在于其顺应历史演进的大趋势。这也意味着理解中国国家治理现代化的第一个维度是历史的维度。在此维度上，区分国家统治、国家管理和国家治理三大概念将有助于我们把握这种历史演进的基本趋势。

在学术界，大多数学者倾向于认为，国家统治主要指国家以其政权为依托，运用暴力和权力资源独断地对社会和民众进行支配和管控，以巩固政权、维护公共秩序的行为。国家管理则是国家政权在处理社会公共事务过程中对各种投入要素的优化组合和高效利用，其目的在于实现国家利益和国民利益等社会公共利益的最大化。国家管理作为公共管理，它以公共性、专业性、职业化为特色。① 如果接纳以"governance"为基调的治理话语，那么，国家治理不仅与国家专政根本对立，而且与国家管理也判然有别，国家治理强调包括国家、公民以及社会组织等在内的多元治理主体在应对公共事务、提供公共服务及公共产品中的网络互动、协商共治、民主参与、规则约束等。正是借助国家统治、国家管理和国家治理的

---

① 参见何增科《理解国家治理及其现代化》，见俞可平主编《推进国家治理与社会治理现代化》，当代中国出版社2014年版，第16页。

概念框架，我们可以从 1949 年以来国家权力运行的轨迹中去探寻其历史蕴意。

不妨把 1949 年到 1978 年的国家权力运行格局称为国家专政。国家专政的实质是阶级专政。因为 1949 年成立的新中国是 20 世纪中国社会革命的产物，而"中国的社会革命是以阶级为中心的"①。这就意味着它实质上是阶级国家，更具体地说，是无产阶级主导的国家。1949 年 6 月，毛泽东就对即将诞生的新国家给予了明确的阶级定性：这是"工人阶级（经过共产党）领导的以工农联盟为基础的人民民主专政"的国家，② 因此，国家统治乃阶级统治。不过，在阶级斗争一浪高过一浪的政治环境下，阶级统治进一步升格为无产阶级国家的全面专政，其目的是消灭一切阶级差别以及由这些差别产生的一切生产关系、一切社会关系和一切思想观念。在对资产阶级全面专政的主张下，国家专政不仅意味着国家完全替代市场、吞噬社会，国家控制所有的政治、经济、社会、文化资源，社会个体高度依附于国家，个人一旦"失去了这种依附，意味着最基本的生存权利的丧失"③，而且还体现为国家通过城市的单位、街道居委会和农村的人民公社等制度安排对民众实行全面的社会整合和社会管控。

1978 年改革开放之后，随着国家的战略重心从"以阶级斗争为纲"转向以经济建设为中心，国家全能主义开始受到解构。面对逐渐从国家中分离出来的市场和社会，国家不得不放弃全面专政，国家统治开始从专政走向管理，即转向对经济秩序和社会秩序的维护以及对公共事务的应对处理，这就进入了国家管理阶段，阶级国家也就逐渐蜕变为管理国家。尤其是进入 21 世纪以来，改革前国

---

① 邹谠：《二十世纪中国政治：从宏观历史与微观行动的角度看》，（香港）牛津大学出版社 1994 年版，第 19 页。
② 参见《毛泽东选集》（第 4 卷），人民出版社 1991 年版，第 1480 页。
③ 孙立平：《现代化与社会转型》，北京大学出版社 2005 年版，第 177 页。

家总体性的支配权力逐渐被一种"技术化的治理权力"所替代,"技术治理的行政改革,不仅在中央与地方的行政监督和控制上产生了行政科层化的效果,而且在中央与地方的财政关系上也推动了行政科层化的倾向"①。就国家权力运作的轨迹而言,所谓转向"技术治理"不过是国家终结权力的专政即权力的独断性支配向更多地依靠科层体制、按照行政规章运行行政权力以进行国家管理的方向演进而已。

以"governance"为基调的国家治理不仅与阶级斗争时代的国家专政根本对立,而且也不同于经济建设至上时期的国家管理,它是国家权力运行可能呈现的新形态。一方面,经过中国学界的持续努力,作为来自西方的学术术语,"governance"的核心理念已经植入中国学术界的国家治理概念之中。从中国学者于20世纪90年代将"governance"译为"治道",到21世纪之初"治理"成为"governance"一词的主流译法,中国学界在吸纳、消化和再阐释的基础上,既承接了由国际学术界所阐释的"governance"的核心理念,又赋予了新的元素,例如,实现"公共利益"被设定为"治理"的更高目标。② 这不仅建构了中国学术版的"治理话语",而且在一定意义上为国家治理设定了价值方向。另一方面,走向国家治理也是国家权力运行轨迹的趋势。面对改革开放以来日益纷繁复杂的社会公共事务,面对国家之外自主的市场主体(企业、公司等)和日趋自治的社会主体(社会组织等)以及具有权利意识的公民个体,国家既无法如阶级斗争时代那样硬性地一元主宰、全面专政,也难以简单地直接管控和生硬地回应,国家不可避免地需要调整其行为,与国家之外的这些多元主体良性互动、相互合作,一起协同

---

① 渠敬东、周飞舟、应星:《从总体支配到技术治理——基于中国30年改革经验的社会学分析》,载《中国社会科学》2009年第6期。
② 参见李泉《治理思想的中国表达:政策、结构与话语演变》,中央编译出版社2014年版,第94页。

处理公共事务、制定公共政策、解决公共问题，从而为企业、公民和社会提供优质的公共产品和公共服务。因此，如果说吸纳"governance"的理念和寻求其中国化的表达意味着中国知识界设置了探索治理之路前进的路标，那么，走向国家治理正好体现了国家权力运行的新的发展方向。

总之，如果用历史的眼光看，国家治理其实是继国家专政、国家管理之后国家权力运行可能选择的新形态，它也是中国60多年来在现代国家成长的历史进程中走出阶级国家、迈入管理国家之后一个历史的大趋势。顺应这一历史趋势，不仅是执政党调整其文件中术语的缘由，更是其提出中国国家治理现代化命题的历史依据和历史定位所在。这也是我们理解国家治理所必须依托的历史脉络。

二、现实挑战：外部关系与内部结构

党的十八届三中全会提出，实现国家治理现代化的决定不仅是顺应历史演进的大趋势，更是在直接面对现实的挑战。我们以国家为观察点，从内外两个层面分析中国国家治理现代化所应对的现实挑战。

从国家与外部治理主体的关系看，中国国家治理现代化回应的现实挑战是如何实现在执政党统领格局下多元主体有序的协同治理。

历史的事实表明，在改革开放前的国家专政时期，个体完全依附于国家，而国家之外也"不再拥有能够自由地、真正地为其讲话的机构和组织"[①],只有作为统治主体的执政党和国家才具有话语权。在此条件下,上述挑战根本不存在。然而,改革开放近40年来,随着国家与市场、国家与社会的结构性分离,全能主义的国家已经不复存在。相对于国家专政时期,执政党依然是唯一而坚定的统治核心,但全能主义瓦解后的国家必须正视逐渐兴盛的多元主体局面,面对三重关系。一是国家与市场的关系。来自市场的企业、公司不仅是政府征税与服务的对象,它们本身也日益成为一种介入公共事务的力量,是多元治理主体中不可或缺的一员。二是国家与社会的关系。这主要涉及两个方面,一方面是国家与社会组织的关系,在国家和各级政府的培育和扶持下,社会组织在全国各地雨后春笋似地不断增长,他们不仅在政府购买(服务)、抢险救灾、社区建设、环境保护、社会服务、慈善救济等领域非常活跃,还是公共决策中积极的参与者;另一方面是国家与私营企业主等新兴社会阶层的关系,这些新兴的社会阶层不仅是政治上被吸纳的对象(例如容许私营企业主入党),也是国家治理中重要的参与力量。三是国家与公民的关系。改革开放后,随着中国公民权利的逐步实现,公民的权利意识日益觉醒,公民参与的范围也在不断扩大,公民正在成为国家治理中不可忽视的参与主体。总之,事实表明,执政党和国家现在面对的是一个已经出现并将继续扩大的多元主体的现实格局。如何确保政治上的一元统领即执政党的核心领导,同时又形成多元协同治理的网络互动结构,这确实是一种来自现实的挑战。

在此意义上,国家治理现代化即是应对这一挑战的主动选择。这至少涉及四大方面的课题。一是理顺治理关系,即理顺国家与市场和社会的关系。更准确地说,通过确立国家与市场、社会的权力与责任边界,理顺国家与公司、企业和社会组织的关系,以此为国

[①] 邹谠:《二十世纪中国政治:从宏观历史与微观行动的角度看》,(香港)牛津大学出版社1994年版,第142页。

家与多元主体的良性互动、协同治理奠定基础。二是创设治理规则，即建立一整套制度规则来规范国家与多元主体之间的互动关系，形成法治之下的国家治理网络，以确保多方参与、协同作业的国家治理在法治的轨道上运行。三是构建治理机制，多元主体参与的国家治理不仅需要在规则之下运行，而且必须按程序机制作业。因此，在合作处理公共事务的过程中，无论是针对公共问题（例如环境污染、交通拥堵等）的公共决策、公众参与，还是针对政府的行为选择（例如政府选择在城市建垃圾焚烧厂来处理垃圾）的社会监督、公民问责，建立各种相应的运行机制都是国家治理所不可或缺的重要内容。四是确保有效运作，无论是治理关系的理顺、治理规则的创立，还是治理机制的确立，其最终指向都是实现有效的国家治理，即公共秩序的维护、公共服务的供给、公共福利的增进和公平正义的落实。

从国家内部的治理结构来看，在一个幅员辽阔、人口众多、族群多元、区域差异巨大的超大型国家，中国国家治理现代化在纵向层面应对的现实挑战在于，在单一制的既定框架下以何种制度安排化解中央权威与地方自主之间的紧张性以确保国家治理的有效性和公正性。

改革开放以来，从 20 世纪 80 年代中央向地方放权到 90 年代实行分税制，中国逐步形成了一种集权而统一的中央政府与分权而竞争的地方政府的组合结构，正是这种制度组合成为中国经济崛起的一种重要驱动力。[①] 不过，在这种组合结构内部，始终存在一个深刻的矛盾，即"权威体制与有效治理之间的矛盾"。其集中表现是中央管辖权与地方自主权之间的紧张和不兼容：前者趋于权力、资源向上集中，削弱了地方的自主性和解决地方问题的能力，最终

[①] 参见肖滨《革命、改革与中国崛起——兼对安德森与吴玉山之争的回应》，载《开放时代》2014 年第 5 期。

降低国家统治与管理的有效性；后者又常常表现为各行其是、偏离失控，对权威体制的中央核心产生威胁。① 虽然，实践中所采用的诸如决策统一性（即所谓"一刀切"）和执行灵活性等调适机制在一定程度上缓解了"权威体制与有效治理之间的矛盾"，但是，由于这些机制与现代国家制度建设不兼容，甚至冲突，因而潜伏着巨大的危机。② 一方面，从历史来看，中国的国家建设没有真正走出国家统治与国家管理时期中央"一放就乱、一收就死"的历史怪圈；另一方面，就未来而言，这一体制的制度逻辑不仅使科层架构、专业化运作等理性化元素难以生长，而且使大国的统一与地方的自主始终无法进入法治化的轨道，从而无法为中国作为大国真正崛起奠定长治久安的制度根基。

因此，就国家治理的纵向结构而言，提出中国国家治理现代化命题的着眼点在于，通过制度创新，将多层级治理主体责、权、利的区分纳入法治化的轨道，形成各级治理主体既分工负责又协同合作的治理格局，在确保国家的统一性与维护地方的自主性中实现国家治理的有效性和公正性。这一层面的国家治理现代化不仅包括中央与省区之间治理关系的制度化建设，而且涉及省区内部从省区到市、县、乡镇直到村社的治理结构如何优化的问题。从长远来看，这既需要依靠中央的顶层设计、制度筹划，也有赖于地方的治理创新。因为，在中国这样一个超大型国家，国家治理中的地方创新不仅可以为中国国家治理走向现代化探路，而且可以为中国国家治理的顶层设计提供某种启迪和思路。

总之，如果以国家为观察点，中国国家治理面临的现实挑战包括内外两大维度：外部问题是如何实现多元主体有序的协同治理，

---

① 参见周雪光《权威体制与有效治理：当代中国国家治理的制度逻辑》，见周雪光等主编《国家建设与政府行为》，中国社会科学出版社2012年版，第8页。
② 参见周雪光《权威体制与有效治理：当代中国国家治理的制度逻辑》，见周雪光等主编《国家建设与政府行为》，中国社会科学出版社2012年版，第8页。

内部难题则是如何构建一个统一的既分权分利又分工负责的多级治理结构。

三、全球视野：中国与世界

党的十八届三中全会提出实现国家治理现代化的决定，既是顺应历史趋势、直面现实挑战的结果，也是立足全球视野的产物。它不仅体现了执政党对中国与世界关系发生深刻变化的敏锐判断——"当代中国同世界的关系发生了历史性变化，中国的前途命运日益紧密地同世界的前途命运联系在一起"①，而且展现出力图通过中国国家治理现代化积极参与全球治理的战略意图。在此意义上，作为全球化产物的全球治理（governance in global or global governance）就是理解中国国家治理现代化的一个不可或缺的维度。

近40年来，随着改革开放的不断深化，中国已经深深地卷入全球化的浪潮之中。置身于全球化进程中的中国，正在面对变动中的全球治理。"所谓全球治理，指的是通过具有约束力的国际规制（regimes）和有效的国际合作，解决全球性的政治、经济、生态和安全问题，以维持正常的国际政治经济秩序。"② 在执政党的视野里，全球治理机制并不健全，有待进一步完善；然而，"不管全球

---

① 胡锦涛：《高举中国特色社会主义伟大旗帜　为夺取全面建设小康社会新胜利而奋斗——在中国共产党第十七次全国代表大会上的报告》，见《中国共产党第十七次全国代表大会文件汇编》，人民出版社2007年版，第47页。

② 俞可平：《全球治理引论》，载《马克思主义与现实》2002年第1期。

治理体系如何变革，我们都要积极参与"①。这清楚地表明，中国确实具有参与全球治理的政治意愿（political willingness）、意图和动机。②

然而，问题是中国是否具有参与全球治理的足够的能力和充分的底气。近40年的经济增长以及不断增强的综合国力不仅为中国参与全球治理奠定了客观的物质基础，还提高了中国参与全球治理的自信心。但是，从国家治理的角度看，制约中国积极参与全球治理的国内因素依然巨大。在此略为陈述三点。

其一，就参与全球治理投入的资源而言，社会贫富悬殊、城乡二元分割、自然环境恶化等一系列亟须解决的国内问题使中国很难将更多的资源用于全球问题的治理。换言之，作为发展中国家，中国不得不把其国力增量的主要部分用于解决国内问题而非全球问题。③ 对于决心在全球治理中扮演更加积极的角色的中国来说，实现国家治理的现代化无疑将强化其整合资源的能力，从而为参与全球治理提供更多的资源。

其二，从参与全球治理的主体来看，中国政府当然是代表中国参与全球治理的主要行为主体。不过，在全球治理中，非政府组织、公司、私人部门以及公民个人的作用不可缺失，因此，如何让中国政府之外的企业、社会和个人力量在全球治理中扮演更为重要的角色，无疑是"中国能否最终成功地在全球治理中发挥作用的关键因素之一"④。显然，这就要求进一步调整国家与市场、国家与社会、国家与公民的关系。

其三，从建构全球治理的规则体系来说，即在确定用以调节国

---

① 习近平：《携手合作　共同发展——在金砖国家领导人第五次会晤时的主旨讲话》，见 http://news.xinhuanet.com/world/2013-03/27/c_124511954.htm。
② 参见庞中英《全球治理与世界秩序》，北京大学出版社2012年版，第58页。
③ 参见庞中英《全球治理与世界秩序》，北京大学出版社2012年版，第61页。
④ 庞中英：《全球治理与世界秩序》，北京大学出版社2012年版，第62页。

际关系和规范国际秩序的所有跨国性的原则、规范、标准、协议、程序等问题上，中国只有为全球治理提供更多富有创造性的观念、规则、方案、思想，才能提高中国在全球治理中的话语权。这意味着中国的知识生产需要一个自由和开放的思想市场。"没有自由和开放的思想市场，中国就很难继续保持高速的经济增长，也无法进入全球科学和技术的领先行列"①，当然也就无法为全球治理贡献各种创新性的思想理念、规则方案。

这样看来，在很大程度上，实现中国参与全球治理之政治意愿的关键在于中国内部的国家治理能否达到现代化的水准。换句话说，中国的国家治理现代化将为中国参与全球治理、提高中国在全球治理中的话语权奠定坚实的基础。

事实上，中国国家治理的现代化本身有助于全球治理的推进。这不仅因为"中国的国内治理是全球治理的重要组成部分"②，更重要的是，中国国家治理的现代化有利于推动全球治理的实现。

一是为在国内实现全球治理搭建更好的网络平台。随着中国国家治理现代化的推进，一种有利于全球治理的多方协同参与的网络平台将在国内生长起来。借助这种网络平台，中国可以创立无数多方跨国合作、国内多部门协调、国内外多元主体参与（包括国内外非政府组织）的网络结构，依靠平等协商、协同作业的机制，以应对诸如环境保护、艾滋病防治、禁毒戒毒等全球性的公共问题。这不仅"把全球治理从模糊的全球层面内化到清晰的国家层面"③，而且其本身就是通过国家现代化推进全球治理在中国落实的本土实践。

二是为中国走向世界参与全球治理培育、训练更多优质、成熟

---

① 罗纳德·哈里·科斯、王宁：《变革中国：市场经济的中国之路》，中信出版社2013年版，第254页。
② 庞中英：《全球治理与世界秩序》，北京大学出版社2012年版，第64页。
③ 蔡拓：《全球治理的中国视角与实践》，见庞中英《中国学者看世界·全球治理卷》，新世界出版社2007年版，第272页。

的非政府组织和公民团体。在推进中国国家治理现代化的进程中，随着社会自治的深入发展，参与其中的非政府组织和公民团体将积累更为丰富的自治经验，获得更多自治实践的机会，由此将进一步提高自己自治的水平和参与、合作的治理能力。这样，中国将会有更多的非政府组织和公民团体走向世界，成为全球治理中的重要成员，在全球治理中发挥更大的作用。经验表明，不成熟的、自身缺乏治理能力的非政府组织和公民团体过早介入全球层面的治理，不仅无助于全球治理的发展，还会影响国内社会治理的健康成长。①

三是为中国参与全球治理逐步培育、积淀公共精神。全球治理需要参与者不仅富有全球情怀和全球价值，而且具有公共精神。公共精神，指的是一种关心公共事务，并愿意致力于公共生活的改善和公共秩序的建设，以营造适宜人生存与发展条件的政治理念、伦理追求和人生哲学的思想和行为品格。② 中国国家治理的现代化，特别是地方和基层治理的现代化的实践将极大地有利于培育各级政府官员、非政府组织的领导人、公民以及公民团体的公共精神。不断积淀和养成的公共精神将为中国的政府官员、非政府组织、公民以及公民团体参与全球治理提供充分的精神动力和伦理支撑。

此外，随着国家治理现代化的推进，中国将以更多的资源投入、更高的治理水平，在更大的范围内积极参与全球治理。对内，这将有利于提升中国的国家合法性；对外，则有利于塑造更好的国际形象。"国家参与国际事务的范围扩大、程度加深，国际社会的承认也成为国家合法性的来源。这不仅体现在国家在国际事务中行

---

① 参见蔡拓《全球治理的中国视角与实践》，见庞中英主编《中国学者看世界·全球治理卷》，新世界出版社2007年版，第276页。
② 参见蔡拓《全球治理的中国视角与实践》，见庞中英主编《中国学者看世界·全球治理卷》，新世界出版社2007年版，第283页。

为的被接受程度上,也反映在国内社会对本国政府国际形象的关切上。"① 因此,立足于国家治理现代化,中国在参与全球治理的过程中塑造更好的国际形象,无疑将为中国在全球治理中发挥更积极的作用聚集更多的国际资源。

总之,中国与世界紧密相连、国家治理与全球治理彼此互动的全球视野,不仅是党的十八届三中全会做出国家治理现代化选择的立足点,也是我们理解中国国家治理所不可低估的重要维度。

四、优化治权:重构执政合法性

如果说执政党提出中国国家治理现代化是顺应历史趋势、直面现实挑战、立足全球视野做出的重大选择,那么,从政治的视角来看,这一选择的政治战略意义何在?换言之,中国国家治理现代化的政治定位究竟是什么?显然,回答这一问题,需要我们选择恰当的政治概念。政治学界虽然一直没有就"什么是政治"这一问题给出公认一致的看法,但是提供了众多关于政治的定义。然而,无论是把政治定义为理性的言说、妥协的艺术,还是将其界定为敌友的划分或价值的权威性分配,这些来自西学政治语境的概念似乎都不是恰当的分析工具。比较而言,孙中山的政治概念及其政权和治权的论述为我们提供了更为适当的概念框架。

---

① 杨雪冬:《全球化进程与中国的国家治理现代化》,载《当代世界与社会主义》2014年第1期。

孙中山对政治的定义颇具特色："'政治'两字的意思，浅而言之，政就是众人的事，治就是管理，管理众人的事便是政治。"①基于这一政治概念，他把国家的统治权力区分为两个紧密相连的部分——"政权"与"治权"：政是众人之事，集合众人之事的大力量，便叫作政权，即民权。治是管理众人之事，集合管理众人之事的大力量，便叫作治权，即政府权。所以政治之中，包含两个力量，一个是政权，一个是治权。这两个力量，一个是管理政府的力量，一个是政府自身的力量。②按照孙中山的政治理想，政权最好完全交到人民的手里，由人民直接去管理国家大事，如此一来，政权即为民权；治权则最好完全交到政府机关之内，以确保政府治理全国事务有充分的效能。

不难发现，就上述问题的讨论而言，孙中山关于"政权"与"治权"概念的论述不失为一种适当的分析框架。不过，我们不把政权简单地归结为由人民直接去管理国事的所谓"民权"，而将"政权"定位为国家统治权的归属与掌控，将"治权"确定为国家统治权的行使与运用：前者的要害是谁来掌控国家统治权的问题，其价值目标是合法性（legitimacy）；后者的关键是国家统治权如何有效运转的问题，其评判标准是有效性。正是基于政权与治权的概念分析框架，我们发现，执政党做出中国国家治理现代化的选择有其深远的政治战略考量。其政治定位在于，优化国家治权以提高执政党的执政能力，重构政权合法性以确保执政党长期执政。具体而言，这一政治定位可以从两个方面予以分析。

一方面，优化国家治权以提高执政党的执政能力，即提升执政党治国理政的能力。按照孙中山的界定，治权作为管理众人之事的大力量，其实只是国家（或广义的政府）处理全国公共事务的权

---

① 黄彦：《孙文选集》（上册），广东人民出版社2006年版，第483页。
② 参见黄彦《孙文选集》（上册），广东人民出版社2006年版，第582页。

力。在此意义上，国家治权的优化和国家治理能力的提高似乎仅仅是就国家而言。然而，目前中国政治体制的基本格局是，执政党领导国家，统领国家政权和治权。按照匈牙利学者玛丽亚·乔纳蒂的分析，这一政治体制的基本特征存在两套体系——政党体系和广义的国家体系，① 一系列被称为"交叉连线"的制度安排不仅将两套体系紧密结合为一体，而且使二者相互渗透，这种制度安排的具体使用工具包括党管干部的任命制、政法委统管公检法之类的归口管理制等。② 在此制度框架下，广义的国家不仅由执政党领导，而且其本身就是执政党治国理政的政治平台。这样一来，国家治权的优化和治权效能的提升本身也就意味着执政党治国理政能力的增强；反之亦然，即随着执政党执政能力的提高，国家治理才能彰显有效性。如此才能理解领导人为何做出这样的判断："只有以提高党的执政能力为重点，尽快把我们各级干部、各方面管理者的思想政治素质、科学文化素质、工作本领都提高起来，尽快把党和国家机关、企事业单位、人民团体、社会组织等的工作能力都提高起来，国家治理体系才能更加有效地运转。"③这就清楚地表明，国家治理现代化与执政党提升其治国理政的能力不过是一体两面而已。

另一方面，重构政权合法性，即从经济绩效合法性转向治理有效合法性。1978年党的十一届三中全会果断地决定把全党工作重点从"以阶级斗争为纲"转变为"以经济建设为中心"。从政治角度

---

① 根据乔纳蒂的界定，广义用法上的"国家"包括"一切不属于党的组织结构的机构、组织和决策体系的命令传递环节，不论它是合作社、工会、部门还是企业"。（具体参见玛丽亚·乔纳蒂《转型：透视匈牙利政党－国家体制》，吉林人民出版社2002年版，第20页。）同样，在中国政治语境里，"国家"这套体系也不仅指国家（state），它其实也包括企事业单位、人民团体等。

② 参见玛丽亚·乔纳蒂《转型：透视匈牙利政党－国家体制》，吉林人民出版社2002年版，第22页。

③ 习近平：《在省部级主要领导干部学习贯彻十八届三中全会精神全面深化改革专题研讨班开班式上的讲话》，见 http://news.sohu.com/20140221/n395456780.shtml。

看，这不只是简单地进行工作重点的转移，而是执政党和国家合法性建构路径的转移，即从依靠政治革命和阶级斗争塑造合法性转向以经济建设的绩效作为合法性的基础。尤其是1992年邓小平南方谈话后，提高经济绩效几乎成为执政党和国家确立合法性唯一可行的选择。正是执政党和"国家的绩效合法性基础促使政府在促进经济发展上做了数十年如一日的努力"，成为中国经济增长的政治动力。① 不过，单纯追求经济绩效也带来了经济增长、社会公平和生态环境之间高度紧张的问题，由此激化了社会矛盾，引发了众多的群体性事件，这给执政党的执政造成了很大的压力。2003年后，我国将改革的重心转向社会政策层面，力图通过采取一系列的亲民政策，以缓解执政的压力。② 党的十八届三中全会提出国家治理现代化命题，表明执政党已经清醒地意识到，单靠经济绩效难以支撑执政党和国家合法性的大厦，只有通过实现国家治理体系和国家治理能力现代化，将单纯经济绩效的合法性转向国家治理有效的合法性，执政党和国家的合法性才能获得更为坚实的基础。这意味着，国家治理现代化虽然着眼于治权的优化和治理绩效的改善，但其实质是以有效性兑换合法性。

总之，基于政权与治权的区分与关联，政治维度下的中国国家治理现代化不仅与执政党的治国理政紧密相连，而且其根本的政治战略意义在于通过优化治权为执政合法性开辟新的空间。从长远来看，国家治理现代化水平的提升也必将成为驱动执政党通过政治革新实现现代转型的重要动力。

---

① 参见杨宏星、赵鼎新《绩效合法性与中国经济奇迹》，载《学海》2013年第3期。
② 参见杨宏星、赵鼎新《绩效合法性与中国经济奇迹》，载《学海》2013年第3期。

广东治理创新：历史把握[*]

如果以1978年党的十一届三中全会的召开作为当代中国历史的转折点，那么，从1978年到2017年，中国改革开放的历史巨轮已经行驶了近40个年头。近40年来，广东在中国改革开放的历史航程中始终处于先行一步的位置，尤其是广东经济增长的成就举世瞩目。然而，相对于经济增长，广东的治理创新是否也有着巨大的进步？也许，近40年来，广东治理创新没有广东的经济增长那样耀眼，但是，它依然为我们留下了诸多值得探究的问题：

---

[*] 本章原文载于肖滨《为中国政治转型探路——广东政治发展30年》，广东人民出版社2008年版，第1～49页。此次收录已对相关内容进行了改写。

近40年来，广东治理创新的基本历程是怎样的？如何对广东治理创新近40年的历程进行历史定位？广东治理创新未来发展的趋势是怎样的？广东治理创新与中国国家治理现代化有何关系？本章尝试回答这些问题，以此对广东改革开放近40年的治理创新历程进行一个全面具体的叙述性分析。

一、广东治理创新的基本历程

我们首先回答第一个问题:近 40 年来,广东治理创新的基本历程是怎样的?回答这一问题意味着划分这一基本历程所经历的阶段,揭示、勾画各个阶段的背景和特征。大致而言,我们把广东治理创新近 40 年来的基本历程划分为四个阶段。

(一)第一阶段(1978—1991 年):破除经济发展的政治束缚和初步重建治理秩序

我们可以从全国和广东两个层面来把握这一阶段广东治理创新的基本背景。

就全国而言,一方面,"文化大革命"虽已经结束,但"两个凡是"设置的思想禁锢尚未解除,不少人当时的思想"还处在僵化和半僵化的状态",改革开放面临着巨大的阻力,同时,由于"文化大革命"的破坏,国家的政治生活、法律制度极不健全,政治秩序有待重建,经济体制急需改革;另一方面,1978 年 5 月启动的"实践是检验真理的唯一标准"的讨论吹响了思想解放的集结号,特别是 1978 年 12 月党的十一届三中全会做出的把执政党和国家的工作重点转移到经济建设上的战略决策,使中国开始了改革开放的历史航行。

从广东来看,一方面,思想解放的任务繁重,改革开放的阻力重重；另一方面，广东从中央获得了实行灵活措施、特殊政策，在改革开放中先行一步的自主权和发展优势，广东抓住这一难得的历史机遇，实行对外更加开放、对内更加放宽、对下更加放权的宽松政策，①大胆探索经济体制改革的方向，力图"杀出一条血路来"，搞活经济，促进经济增长，推动广东的现代化。

在此背景下，这一阶段的广东治理创新有破有立，着眼于两点。

一是破除陈旧的集权主义和全能主义体制对经济发展的政策束缚、政治束缚：在农村全面推行家庭联产承包责任制，还给农民生产经营的自主权；在城市改革企业经营机制，扩大企业自主权，增强企业活力；在政府内部改革计划管理体制，向地方各级政府和部门下放经济管理权力，减少指令性计划，扩大指导性计划，增加市场调节比重……这些以"松绑还权""放权让利"为内容的改革实际上是以经济改革形式出现的治理改革，它极大地释放了广东经济增长的活力。

二是重建政权架构以确立新的治理秩序：1977年12月，因"文化大革命"而中断多年的广东省第五届人民代表大会第一次会议、中国人民政治协商会议和中共广东省第四届委员会全体会议分别召开；1979年12月后，广东省各级人民代表大会常务委员会相继设立，广东各级革命委员会改为人民政府。至此，广东省各级人民代表大会下"一府两院"的政权架构正式确立并开始运作，广东省的治理创新也进入了正常化的轨道，趋向法制化、制度化的治理秩序开始形成。

---

① 关于广东"三放"政策的具体内容，可以参见当代广东研究会编《岭南纪事》（广东人民出版社2004年版，第639～640页）。

（二）第二阶段（1992—2002年）：以治理创新适应市场经济体制的建立

20世纪80年代末、90年代初，由于复杂多变的国内外局势，中国的改革开放事业走到了一个重要的转折关口。国际上，东欧剧变、苏联解体；在国内，经济改革的目标模式模糊不清，"姓资姓社"的争论连续不断。在当时，中国的改革开放事业面临极为严峻的挑战：中国的改革开放该向何处去？是继续深化改革、扩大开放，还是退回计划经济体制的老路上去？邓小平于1992年春天进行了南方谈话，在深圳、珠海等地发表了一系列重要讲话，为中国改革开放的历史航程指明了方向，特别是邓小平有关计划与市场的精辟论述为中国确立社会主义市场经济体制、为经济体制转型的目标奠定了思想基础。

在邓小平南方谈话精神的指引下，1992年党的十四大首次明确提出，中国经济改革的目标是建立社会主义市场经济体制。1993年党的十四届三中全会通过了《中共中央关于建立社会主义市场经济体制若干问题的决定》（以下简称《决定》），系统完整地提出了社会主义市场经济体制的基本框架。根据党的十四届三中全会《决定》设计的社会主义市场经济体制的蓝图，中国共产党广东省第七届委员会第二次全体会议（以下简称"中共广东省委七届二次全会"）于1993年12月通过了《关于加快建立社会主义市场经济体制若干问题的实施意见》，明确提出："力争用五年时间在我省建立起社会主义市场经济体制的基本框架，推进我省力争二十年基本实现现代化。"这样，进入20世纪90年代后，广东经济体制改革开始由点面结合、单项突进、破除旧体制的摸索阶段进入以建立社会主义市场经济体制为目标、整体推进、综合配套、制度创新的新阶段。[①]

[①] 参见张思平《体制转轨：广东90年代的改革》，广东人民出版社2003年版，第7页。

在此背景下，这一阶段的广东治理创新围绕建立社会主义市场经济体制而展开，适应从计划经济体制向市场经济体制的转型成为广东治理创新的内在要求和基本特质。1993年5月，时任中共广东省委书记谢非在中国共产党广东省第七次代表大会上的报告中清楚地点明了这一点："从现在起到2000年为第一阶段。这一阶段，要建立起社会主义市场经济体制的基本框架和与之相适应的运行机制……发展市场经济……必须有社会主义民主与法制的机制保证。"①

正是为了让治理创新适应市场经济体制的建立，广东省把建立社会主义市场经济、民主法治和廉政监督三个机制确定为"三个三"工程之一（"三个三"工程，即建立社会主义市场经济、民主法治和廉政监督三个机制；加强农业、交通能源通讯和教育科技三个基础；实现产业结构、生态环境和人口素质三个优化②）。上述三大机制在性质上其实可以归结为两大机制——市场经济的经济运行机制和法治民主的政治运行机制。③前者涉及经济体制改革，后者属于政治建设、政治改革的范畴；建立社会主义市场经济体制不仅需要改革陈旧的计划经济体制，而且需要政治改革和政治建设与之相适应、相配套。市场经济体制的内在政治要求决定了这一阶段广东治理创新的主要内容。在这一阶段的政治建设中，除了强化廉政监督、推动基层群众自治等以外，以下两点值得特别强调。

一是构筑法制体系。市场经济是法治经济，市场经济的运行需要法律的引导、规范、保障和推动。致力于在全国率先建立市场经

---

① 谢非：《广东改革开放探索》，中共中央党校出版社1995年版，第10、18页。
② 参见谢非《广东改革开放探索》，中共中央党校出版社1995年版，第37页。
③ 谢非对此有非常明确的论述："建立三个机制涉及经济体制、政治体制的改革、完善，……其中的廉政监督机制，本来也属于民主法治机制、属于民主监督的范畴，因为在市场经济的条件下，反腐倡廉的工作特别重要，事关党和国家的兴衰成败与生死存亡，又特别艰巨，有大量工作要做，所以我们把它相对独立出来，加以强调，以便更有针对性地加强这方面的工作。"（参见谢非《广东改革开放探索》，中共中央党校出版社1995年版，第37页。）

济体制的广东尤其需要"立法先行"。1993年4月,全国人民代表大会常务委员会(以下简称"全国人大常委会")委员长乔石视察广东,指示广东在制定地方性法规方面"可以先走一步,成为全国立法工作的实验田"。根据这一指示,广东省人大常委会和省人民政府提出了"开足马力,全速推进"地方立法的动员令。这样一来,不仅广东的立法工作进入了快速发展的时期,而且"立法先行"、构筑适应市场经济体制的法制体系成为这一阶段广东治理创新的一大亮点。

二是转变政府职能。进入20世纪90年代后,为了适应建立市场经济体制的需要,广东双面出击,进一步推动政府职能转变。一方面,广东以政企分开为主线,着手理顺政府与企业的关系,解决制约企业发展的行政障碍,把政府对企业直接的微观干预转变为对经济间接的宏观调控;另一方面,广东以两次机构改革为契机,按照精简、统一、效能的原则,改革政府机构、改革社会中介机构、改革行政审批制度,促进政府职能转变。

(三)第三阶段(2003—2012年):落实科学发展观中的治理改革

2003年年初,一种被称为"非典"的传染性疾病在广东爆发并向全国蔓延。在广东遭受"非典"袭击期间,胡锦涛同志于2003年4月来到广东调研。他要求广东加快发展、率先发展、协调发展,并提出发展要有新思路,必须实施科教兴国和可持续发展战略,使经济发展和人口、资源、环境相协调,同时要促进中国特色社会主义经济、政治、文化的全面发展。时隔半年,党的十六届三中全会于2003年10月14日通过了《中共中央关于完善社会主义市场经济体制若干问题的决定》。该决定明确提出"坚持以人为本,树立全面、协调、可持续的发展观"。

为响应中央树立科学发展观的号召,广东及时调整发展思路。2003年5月,中共广东省委、省政府在广州召开全省贯彻落实胡锦涛同志视察广东的讲话精神,时任中共广东省委书记张德江在讲话中要求广东按照新的发展观的要求,交出"三个文明"(物质文明、精神文明和政治文明)建设和执政党建设两份优异的答卷。2007年12月,时任中共广东省委书记汪洋在中共广东省委十届二次全会第一次全体会议上发表讲话,号召广东"继续解放思想、坚持改革开放、努力争当实践科学发展观的排头兵"。基于落实科学发展观的新思路,广东把其发展目标重新定位为成为提升我国国际竞争力的主力省、探索科学发展模式的试验区、发展中国特色社会主义的先行地。

在落实科学发展观的背景下,这一阶段的广东治理创新主要围绕实现全面、协调、可持续的科学发展而展开,其主要特点是致力于建立有利于科学发展的权力体制和运作机制。建立公共服务型政府、推进基本公共服务均等化、制定体现科学发展观的领导干部政绩考核评价指标体系、完善基层群众自治、扩大公民有序参与、推进党内民主试点等成为这一阶段广东治理创新的主要内容。

(四)第四阶段(2013年至今):深入推进治理体系与治理能力现代化

2012年12月,中共中央总书记习近平来到广东考察,这也是习总书记在党的十八大召开之后进行地方考察的首站。在考察期间,习总书记对广东提出了"三个定位、两个率先"的殷切期望,要求广东努力成为发展中国特色社会主义的排头兵、深化改革开放的先行地、探索科学发展的试验区,为率先全面建成小康社会、率先基本实现社会主义现代化而奋斗。2013年11月,党的十八届三中全会提出:"全面深化改革的总目标是完善和发展中国特色社会主义制度,推进国家治理体系和治理能力现代化。"

广东积极响应党的十八大精神和习近平总书记在广东考察工作时的重要讲话精神,对广东的治理创新思路进行了及时调适。中共广东省委认真学习习总书记在广东考察工作时的重要讲话精神,研究贯彻落实意见。中共广东省委书记胡春华强调,习近平总书记提出的"三个定位、两个率先",是广东今后工作的前进方向、行动指南和总目标。中共广东省委十一届二次全会提出要全面贯彻落实党的十八大、习近平总书记考察广东重要讲话精神,动员全省人民为把广东建设成为发展中国特色社会主义的排头兵、深化改革开放的先行地、探索科学发展的试验区,率先全面建成小康社会、率先基本实现社会主义现代化而奋斗。中共广东省委书记胡春华也强调,习近平总书记从坚持和发展中国特色社会主义全局出发,提出了全面建成小康社会、全面深化改革、全面依法治国、全面从严治党的战略布局,为我们的一切工作指明了正确方向,提供了基本遵循依据;我们要把"四个全面"战略布局贯彻落实到一切工作中,通过全面深化改革、全面依法治省、全面从严治党,为经济建设、政治建设、文化建设、社会建设、生态文明建设提供强大动力和可靠保障,不断夺取全面建成小康社会的新胜利,努力实现"三个定位、两个率先"的目标,为全国经济社会发展大局做出新的更大的贡献。这为广东在新时期新阶段进行治理创新的实践指明了正确的方向和前进的道路。

综观党的十八大以来广东治理创新的实践,在这一阶段,其主题内容包括推进行政审批制度改革、制定省直部门权责清单和职能调整、加强反腐败、落实党风廉政建设党委主体责任和纪委监督责任、建设服务型政府、依法治省、促进社会公平正义、加强和创新社会管理、探索村民自治的有效实现形式等。

二、广东为中国国家治理创新探路

如果说勾画广东治理创新近40年的基本历程是对历史脉络的梳理,那么,确立广东治理创新近40年的历史定位就涉及对其成就的评价、特征的分析和意义的总结。换言之,确立广东治理创新近40年的历史定位要从评价其成就、分析其特征和总结其经验入手。

评价广东治理创新近40年的历史成就,首先需要确立评价标准。邓小平的有关论述为我们确立评价标准提供了重要的指南。让我们重温这些论述:"我们进行社会主义现代化建设,是要在经济上赶上发达的资本主义国家,在政治上创造比资本主义国家的民主更高更切实的民主,并且造就比这些国家更多更优秀的人才。……党和国家的各种制度究竟好不好,完善不完善,必须用是否有利于实现这三条来检验。"①"我们评价一个国家的政治体制、政治结构和政策是否正确,关键看三条:第一是看国家的政局是否稳定;第二是看能否增进人民的团结,改善人民的生活;第三是看生产力能否得到持续发展。"②

综合邓小平的这些论述,结合学界的观点,同时采取学术的用语,我们把评价标准确定为三个——有效性(主要指政治系统在推动经济增长、社会进步等方面所发挥的功能、效用,如生产力的发

---

① 《邓小平文选》(第3卷),人民出版社1993年版,第322~323页。
② 《邓小平文选》(第3卷),人民出版社1993年版,第213页。

展、人民生活的改善等)、合理性(主要指政治系统自身理性化的程度,涉及政治系统内部的机构设置、规则制定、运作机制、权力边界等)和合法性(主要指民众对政权统治的自愿服从、认同和支持等)。基于这三个评价标准,我们有充分的理由说,近 40 年来,广东治理创新取得了历史性的伟大成就。

从有效性看,在近 40 年的广东治理创新中,一方面,政治权威的重构、法制框架的搭建为广东的经济增长、社会进步提供了稳定的政治秩序和坚实的政治基础;另一方面,治理改革的举措(比如上述放权改革、还权改革和限权改革)、宽松的政策和制度的创新极大地激发了广东经济增长的动力和社会进步的活力,广东治理创新富有成效地促进了广东经济的高速发展和社会的巨大进步。换言之,在中国近 40 年改革开放的历史进程中,广东从一个贫穷落后的省份发展成为一个经济大省、创造出举世瞩目的经济成就,极大地得益于广东近 40 年的治理创新。可以说,没有广东近 40 年的治理创新,也就没有广东近 40 年的经济发展和社会进步。

从合理性看,在近 40 年的广东治理创新中,随着政权组织架构的搭建与运作机制的完善、政治经济社会一体结构的持续分化(如政企分开等)、政府机构的多次改革、政府角色的渐进转变,一个分工有序、有法可依、权力范围趋于有限、权力运转日渐有效、具有理性化特征的公共权力系统基本形成,这一权力系统不仅为广东的经济增长、社会进步提供了基本的政治前提,而且为广东治理创新的深入发展准备了一个重要的政治条件——一个有效的政权系统及其官僚组织(state bureaucracy)。因为"现代民主需要施行有效的命令、管制和提取资源。为了做到这一点,必须有一个有效运作的国家和国家官僚体系"[1]。如果缺乏这样的政权机构和官僚系

---

[1] [美]胡安·J. 林茨、阿尔弗莱德·斯泰潘:《民主转型与巩固的问题:南欧、南美和后共产主义欧洲》,孙龙译,浙江人民出版社 2008 年版,第 10 页。

统,即使治理创新的制度得以建立,它也不可能正常运转。

从合法性看,在近40年的广东治理创新中,一方面,随着广东立法程序日渐公开化、民主化和科学化,以及立法质量的不断提高、执法部门不断强化依法行政和司法体制的逐渐改革,广东政治运行中的法治特征开始凸现;另一方面,随着执政党倡导思想解放、力主改革开放、改善执政方式、提高执政能力、推行党内民主问责,以及广东省人民代表大会(以下简称"省人大")制度的逐渐健全和强势运作、中国人民政治协商会议广东省委员会(以下简称"省政协")日趋活跃、基层群众多元自治、公民有序参与政治、媒体舆论空间相对开放等,广东已经成为选举民主、预算民主、协商民主、参与民主、自治民主和党内民主问责的实验地,公共权力运作中的民主元素渐渐增加。正是随着法治与民主的逐步推进,公民的各种宪法性权利获得了更多的制度保障。由此,广东民众对执政党和政权系统的认同度与支持度进一步得到提高,这在很大程度上增强了执政党和政权系统统治的政治合法性。

近40年来,广东治理创新不仅取得了历史性的伟大成就,而且在中国国家治理现代化的探索上具有先行实验、示范的特征。具体来说,这一特征可以演绎为以下几点。

一是先行性。近40年来,相对于全国的其他省市,广东不仅在经济建设、经济改革上先行一步(如率先实现经济现代化、建立市场经济体制等),而且在治理创新上也常常先行一步:从思想解放到法规出台,从体制改革到制度创新,广东通常都走在全国的前列。以立法为例,无论是新法规的出台(内容较多,不加详述),还是立法形式的改进(如立法听证会、立法论坛等),省人大的作为在全国确实称得上先行一步。再以行政体制来说,无论是实行公务员制度、政府采购制度,还是建立政府信息公开制度、行政问责制度、行政审批制度,广东(尤其是深圳)始终都以先行者的姿态出现在全国。尤其从党的十八大以来,广东率先出台了《广东省行政许可监督条例》及《广东省行政审批事项目录管理办法》，统一公开省、市、县三级的行政审批事项通用目录，以构建服务型政府。同时，全国首部规范信访工作的地方性法规《广东省信访条例》正式得到实施，从而把信访工作纳入法治化轨道。这些都鲜明地体现了广东在治理创新方面的先行性特征。

二是实验性。广东在近40年来的治理创新中，无论是在制度创新上，还是在实践操作上，都进行了许多大胆的实验、探索，实际上已成为当代中国治理现代化的"实验地"或"试验田"。这里，我们不妨以中山市村（居）委会特别委员制度、广东省推行建立乡镇（街道）和职能部门与村（居）委会双向考核制度为例，来说明这种实验性。拿第一项治理创新来说，中山市从2012年开始就率先探索村（居）委会特别委员制度。在建立推行特别委员制度的村居中，每村（居）一般聘任2～3人为特别委员，由村（居）代表或辖区异地务工人员推荐，经村（居）代表大会选举产生。候选对象必须在本村（居）住满3年，热心社区事务，在本职行业或社会公益事业中表现突出。特别委员的职责是定期深入异地务工人员集中的企业、居住区，收集民声、民意，对发现的矛盾纠纷主动参与调处化解。目前，中山市在外来人口达实有人口40%以上的村（居）推行特别委员制度，全市有262个村（居）聘请了673名"新中山人"作为特别委员。村（居）特别委员会充分发挥了"新中山人"参与社区建设的桥梁和纽带作用，有效破解了城市人与农村人、本地人与外地人双重二元结构困境，既拓宽了异地务工人员参与社区管理和建设的渠道，又促进了新老中山人的融合。再说另外一项治理创新举措，广东省从2015年开始建立乡镇（街道）和职能部门与村（居）委会双向考核制度，其目的是理顺镇（街道）政府与农村基层组织的相互关系、运作流程和办事程序，理顺基层各类组织的职能和关系，建立行政事务准入制度和政府及其部门购买村委会服务机制，推进政府行政管理与村民自治有效衔接和良性互动。目前，该项制度在清远市、东莞市、蕉岭县、博罗县等地方进行试点改革。在这里需要说明的是，我们关注的不是这些改革实验是否"流产"或失败，而是以它们为例说明，广东在推进治理创新过程中确实在大胆实验、探索，尽管某些实验、探索最初的设计方案可能有漏洞，或者在推行中没有取得理想的成果，甚至实验还在计划、准备过程中就已"流产"或夭折，但这些恰好印证了一点：广东在实验、在探索。

三是示范性。如果说，在经济建设、经济改革上，近40年来，广东的示范集中体现在如何实现经济迅速增长、如何从计划经济体制向市场经济体制转型上，那么，在治理创新上，广东则是通过其先行一步的实验探索，示范如何走向以法治民主为主要标志的政治文明。举例来说，建设公共服务型政府就是近期中国政治文明建设的大课题。面对这一新课题，广东虽然也在摸索之中，但是，广东着力推行"四个转变"，在某种意义上，则是在为全国示范如何建设公共服务型政府：通过完善以基础教育、劳动就业、社会保障、环境保护等公共产品和公共服务为基本内容的公共服务体系，以实现从经济目标优先到社会目标优先的转变；通过将财力主要用于满足社会公共需要和社会保障，以实现从投资型财政体制到公共型财政体制的转变；通过创新公共服务流程，以实现从封闭型行政体制到公开透明型行政体制的转变；通过建立和完善严格的行政问责制，以实现从管制型政府到责任型政府的转变。

正是在此先行一步的实验、示范中，广东近40年的治理创新不仅展现了具有地方性色彩的广东特色，成就了由多种要素组成的"广东现象"（比如思想解放的精神氛围、强势作为的人大代表、积极有序参与的公民、活跃的民间组织、具竞争性的大众传媒、开放的舆论环境等），而且积累了非常值得关注的广东经验。那么，广东经验的具体内容是什么？对此学界目前尚未取得一致的看法，系统的归纳、概括也很少。① 在我们看来，治理创新上的广东经验涉及微观和宏观两大层面。在微观层面，广东经验涉及治理创新的方方面面，比如"人大代表工作站"的运行机制、人大代表部门预算询问会、"教育、监督、惩治"三位一体的腐败惩防体系、村民自治中的选举观察员制度等，这些经验可能是点滴的、琐碎的，但其内容丰富而具体，需要细致地整理和总结。从宏观上看，广东经验则关系到中国国家治理现代化中的关键问题，其具体内容除了坚持党委领导、党委统揽全局、发挥领导作用这一众所周知的重要经验以外，我们尝试把其他内容概括为六条。

（1）平衡国家性与地方性。在中央—地方关系上，广东一方面坚决维护国家统一、维护中央权威；另一方面努力向中央争取相对的地方自主权，以发挥中央和地方的积极性。

（2）寓治理改革于经济改革之中。在治理改革与经济改革的关系上，广东以经济发展为中心，在全力推进经济改革的过程中，不是脱离经济改革孤立地进行治理改革，而是把治理改革与经济改革交织于一体，在经济改革中推进治理改革，通过经济改革中的治理改革为经济增长提供活力，以促进经济的快速增长。

（3）政府角色随着市场经济的发展和社会发展的要求及时转

---

① 早期一种比较有代表性的观点是，把广东政治建设的经验概括为"1345"模式，即"一个中心"（经济建设为中心）、"三化"（指构成广东基本政治架构的党委、人大、"一府两院"、政协在履行职能和自身建设上，朝着制度化、规范化、程序化的方向发展）、"四民主"（指包括民主选举、民主决策、民主管理、民主监督在内的广东城乡基层民主建设模式）和"五个坚持、五个促进"（指广东推进依法治省的基本方略和经验，即坚持发挥党委的领导作用、人大的主导作用、"一府两院"的执法主体作用、政协的民主监督作用，促进"党委统揽全局、各方积极推进、狠抓贯彻落实"领导体制和工作机制的形成；坚持正确把握市场经济与法治建设的关系，促进社会主义市场经济的完善和发展；坚持充分发挥人民群众的积极性和创造性，促进社会主义民主政治稳步发展；坚持把优化发展环境作为依法治省的重要任务，促进社会主义现代化建设；坚持用创新的精神探索新方法、开辟新途径，促进依法治省工作的新局面）。（余慧萍：《中国社科院专家总结粤政治建设"1345"模式》，见 http://www.gd.xinhuanet.com/sungov/2006-10/28/content_8371482.htm。）

型。在政府角色与市场经济、社会发展的关系上,广东持续不断地进行政府机构改革、转变政府职能、调整政府角色,以适应市场经济的发展和社会进步的要求。

(4) 把治理创新纳入法治的轨道。在治理创新和法治建设的关系上,广东深入推进依法治省,加强重点领域立法,以法律法规规范治理创新的发展,推动立法与治理创新相衔接,以确保各种形式的治理创新在法治的轨道上进行,通过法治建设为治理创新提供制度保障和程序约束。

(5) 由单纯以民主选举为中心向民主治理全面发展转变。在治理创新的模式选择上,广东不把以民主选举为中心作为治理创新的唯一模式,而是选择寻找多种民主治理发展的有效实现形式,以图在民主与治理之间搭建桥梁和连接纽带。例如,发展预算民主、协商民主、参与民主,其目的就是提升决策、管理、监督等环节在民主治理过程之中的地位与作用,使民主选举与民主决策、民主管理、民主监督同步发展,把乡村村民自治作为在乡村实现村民民主选举、民主决策、民主管理和民主监督的重要形式,从而实现民主目标与治理绩效的双重使命。

(6) 为治理创新创建宽松的政治文化环境。在推动与治理创新相关的政治文化建构上,广东的党政政权系统推动思想不断解放,适度开放舆论空间。同时,广东党政领导积极鼓励地方创造有利的环境和条件进行治理改革,正是敢于创新、勇于探索的精神使得广东的治理创新发展取得了众多富有成效的经验。

需要强调的是,近 40 年来广东治理创新所积累的广东经验虽然有微观和宏观之分,但却不同程度地具有全国性的普遍意义。其普遍性的意义指向三个层面。

其一,制度层面。在广东治理创新近 40 年的进程中,面对实践中层出不穷的新问题,广东不满足于微观上的个案处理,而是着眼于宏观上的制度建设,以制度创新回应来自实践中的挑战。近 40

年来,广东在治理创新中进行了一系列制度创新:人大代表直通车制度、政府信息公开制度、行政问责制度、村民自治中的选举观察员制度、立法听政制度等。这些制度创新的意义并不局限于广东,而是具有辐射、影响全国的意义。举例来说,广东省人大于1999年在立法过程中率先采用的立法听证会就为全国人大所肯定,被纳入2000年3月15日第九届全国人民代表大会第三次会议通过的《中华人民共和国立法法》(以下简称《立法法》)。《立法法》第三十六条明确规定:"列入常务委员会会议议程的法律案,法律委员会、有关的专门委员会和常务委员会工作机构应当听取各方面的意见。听取意见可以采取座谈会、论证会、听证会等多种形式。"广东首创的立法听证会被纳入《立法法》,这一事实清楚地表明,广东的某些制度创新确实富有全国性的意义。再如,佛山市顺德区于2010年在全国县级地区率先成立的"公共决策咨询委员会"(以下简称"决咨委"),能够让社会各界人士在政府决策之前充分参与,表达各自的利益诉求,对全区经济社会发展战略和策略、公共政策和措施的制定、重要项目安排以及其他公共事务、议题进行咨询、论证,提出政策倡议。由于该制度很好地发挥了决策参谋的作用,在实践中取得了重要成效,不仅已经在省内部分市县陆续得到推行,也吸引了全国其他省市来学习、交流与借鉴。也正是由于积极探索创新现代治理模式,使得顺德的这一举措在2015年成功获评"2015年度中国政府创新最佳实践"。[①]

其二,操作层面。近40年来,广东在治理改革的实验、探索中所积累的经验不仅在制度建设上有创新之意义,而且在实践操作上也有可供借鉴之功效。在近40年的治理创新过程中,广东摸索了多种多样的操作模式与运作机制。例如,佛山市顺德区在2010

[①] 参见《顺德决咨委制度拿下全国大奖获评创新最佳实践》,见 http://gd.sina.com.cn/fs/wuqu/2015-12-14/city-fs-ifxmpxnx5098894.shtml。

年推行"政经分离"模式、梅州市在2013年探索形成的"一核三元、四权同步、多层共治"基层治理体系、广州市增城区下围村在2014年开始实验的村民代表议事制度等。虽然这些实践中的具体操作模式、运作机制并非每一项都可以在全国普遍推广，但其中不少操作模式、运作机制往往对全国其他地区具有可借鉴、可参考的意义。增城区下围村建立和完善村民代表议事制度为此提供了一个很好的事例。2014年下围村建立推行的村民代表议事制度，其核心内容就是"民主商议、一事一议"，该制度使其从"上访大村"和"问题大村"转变为村民自治的模范村。下围村前后情况的巨大差异对比，以及它所发生的故事对于基层治理模式的创新探索具有重要的经验启示意义。按照议事制度，凡是实施村中重大事项之前都必须经过议事会表决，实行"民主商议、一事一议"，要求做到事事商量、件件表决。这从细节和程序上完善了村民的民主决策制度，为村民行使民主权利创造了良好的环境和条件，增强了村治中村民的参与性与民主性，将村民从选举派系冲突的旁观者转变为村庄治理的参与者，使困扰村庄发展多年的派系斗争迎刃而解。下围村把民主决策机制这一"天法"变成了"地法"，使其从"墙头"走向"地头"，具有切实的可行性和操作性，并具备了相当完善的配套基础设施，如宽敞的议事厅、优化完善的会场布置、功能分区、微信平台等。因此，村民代表议事制度在提升民主决策地位与作用的同时，也将村民自治延伸至民主管理，增强了民主监督的实时性和时效性，将选举、决策、管理和监督"四位一体"的民主有效整合于农村基层民主治理中。从表层上来看，下围村的村民代表议事制度解决了其深积20多年的派系斗争问题，让派系政治走向公民政治。从深层次上看，它以一种民主的方式对乡村社会进行重新整合，将村民自治往民主的方向引导，实现了由单纯以选举民主为中心向民主治理的转变，村民自治自此得以进入新的发展境界。因此，下围村的实验对其他地区的治理创新具有一定的参照、借鉴意义。近两年来，省内外已有不少的党政考察团以及国内外学者前往下围村调研基层治理体制创新。尽管下围村村民代表议事制度目前还处于试验、摸索和完善阶段，而且它的经验也不是很成熟和全面到位，但是它所蕴含的一些创新经验确实有效化解了基层治理中一直存在的难题与隐患。这是其在实践操作上具有借鉴、参照价值的根源所在。

其三，理论层面。近40年来，广东在治理创新的实验、探索中所积累的经验不仅具有制度建设和实践操作之意义，而且因其涉及当代中国政治转型中一系列重大的理论问题而富有理论的价值和意义。举例来说，在当代中国急剧变化的经济社会中，经济增长是否需要治理机制或治理结构的调整与适应？这不仅是重大的实践问题，而且是重大的理论问题。在国内学术界，这个问题受到了不少学者的关注与讨论，尽管少数有识之士提出了经济增长需要政府制定的产业政策的扶持，或者是经济增长需要开放竞争的有效市场的见解，但学界一直并未就此形成共识。然而，广东以其近40年创新治理的实践对此重大问题给予了经验性的明确回答：国家经济增长与发展除了要发挥市场经济在资源配置中的决定性作用，给予国家政策的支持与调控外，还需要对治权进行改革，这样才能更好地推动经济增长和适应市场变化，促使企业更好地竞争发展。广东顺德进行治权改革的治理创新所积累的经验恰好证明了这一论点。从第一波始于20世纪90年代的以产权改革为核心的综合改革到第二波始于2009年的以治权改革为中心的综合改革，顺德主要围绕公共治理权力的结构关系进行改革，尤其是针对作为公共治理主体的政府进行的旨在理顺政府、市场、社会、公民关系的改革，采取了从变革治理主体到理顺治理关系的改革线路，有效激发了企业的自主创新能力，为实现经济社会转型升级扫除了体制性的障碍。概而言之，广东的治理创新经验表明促进国家经济增长可以选择治权改革这一有效路径为突破口。这一经验的理论价值在于，它还可以与国际政治学界一直以来所强调的研究成果进行理论对话，例如经济发展与政治民主的相关性问题。以往国际学术界讨论这个问题时，尚未能就此形成统一的意见。其中有些学者的观点认为要推动经济增长就需要政权转型，主张发展欧美国家的民主政治模式，要求民主转型与巩固，因为在他们看来，"民主政治可以获得可持续、均衡和公平的增长"。[1] 然而，广东顺德的治理创新经验则提供了另外一种答案，即在既有的政权框架保持不变的情况下，推动治权改革同样也能够促进经济发展与有效增长。顺德治权改革这一创新性变化只涉及治权结构，不触及政权结构，重点调整党委领导下的政府与市场、社会组织、公民个人和社区（村、居）的四重治理关系，形成了"党委领导、政府负责、社会协同、公众参与"的治理新格局，使经济发展适应了现代市场经济发展的要求，保持了经济平稳有效的增长。就此而言，来自广东的治理创新实践可以被视为对这些理论成果的经验反证与补充，也正好有力地证明了政权转型和民主政治发展并不是经济增长唯一的选择。

总之，近40年来的广东治理创新集上述历史性的伟大成就、地方性的探索实验和全国性的普遍意义于一体。其"三位一体"的价值为确立广东治理创新近40年的历史定位奠定了基础。因此，基于其历史性的伟大成就、地方先行实验的基本特征和全国性的普遍意义，在当代中国政治转型的历史语境下，广东治理创新近40年的历史定位是为中国国家治理现代化探路、实验、示范。这不仅是基于历史研究的结论，更是历史本身提供的结论。

---

[1] 参见周勤、黄亦然《经济增长与政治民主关系研究述评》，载《经济学动态》2010年第2期。

三、广东治理创新与中国国家治理现代化

既然广东治理创新近40年的历史定位是为中国国家治理创新探路、实验、示范,那么,在经过近40年的治理创新实践之后,这种探索、实验、示范的历史任务是否已经完成?如果答案是否定的,那么,随之而来的问题就是,在40年之后,广东治理创新下一步探索的方向和着力点是什么?这与中国国家治理现代化的未来有何关系?因此,有必要对广东治理创新近40年的经验进行深入分析和全面总结,因为这将有利于为我们讨论和回答上述这些问题提供很好的素材。

概而言之,从广东治理创新近40年的实践发展来看,其集中有力地展示了广东为中国国家治理现代化示范的三大基本方向——法治、民主、共治。具体而言,广东治理创新所具有的法治、民主与共治体现在三个方面。

1. 示范的基本方向之一:法治——走向良法之治

如上所述,法治是广东治理创新近40年的核心取向之一,也是未来广东治理创新进一步发展的趋势和努力的方向。广东治理改革,不仅把法治置于治理创新的重要方向,而且确立了法治建设的三大着力点。

一是强化立法——提高立法的质量和效能。如上所言,近40年来,广东在立法的数量上已有长足的进步,已经基本形成了一个

法制的框架。然而，法治本质上乃是良法之治。因此，在基本法制框架形成之后，提高立法的质量已成为广东实现良法之治的首要任务。正是为了提高地方人大立法的效能和质量，广东为改革和强化地方人大制度采取了一些具体举措。例如，调整人大的内设机构，恢复法制工作委员会，加强人大的立法力量；试行立法专员制度，提升立法的专业性；试行人大部分常委专职制度，并配备专职常委工作机构，逐步提高人大常委会组成人员的专职化比例，完善人大常委会工作机制；合理划定人大和政府在法律法规起草中的权责范围，从体制上化解"部门立法"所带来的问题。显然，落实这些举措不仅有助于提高地方人大立法的效能，而且有助于提升其立法的质量，这对于实现良法之治无疑具有重大的推进作用。尤其是在党的十八大之后，中共广东省委十一届四次全会审议通过了《中共广东省委贯彻落实〈中共中央关于全面推进依法治国若干重大问题的决定〉的意见》，研究制定全面推进依法治省、加快建设法治广东任务要点和责任分工，向全面推进依法治省、加快建设法治广东迈出坚实一步。正如中共广东省委书记胡春华指出的，全面推进依法治省，加快建设法治广东，是现阶段广东发展的内在需要，是广东增创发展新优势的迫切要求，是依法治国基本方略在我省的具体实践，是治理领域一场广泛而深刻的革命，也是对我们治理能力的重大考验。① 这无疑为广东治理创新提供了重要的法制保障和制度支持。

二是依法行政——加快建设法治政府。从改革开放以来，广东省政府在治理创新领域一直着重通过依法行政加快建设法治政府。2016年，中共广东省委、省政府要求各地区各部门结合实际认真贯彻执行《广东省法治政府建设实施纲要（2016—2020年）》（以下

---

① 参见胡春华《全面推进依法治省 加快建设法治广东》，见 http://news.south-cn.com/g/2015-01/16/content_116481571.htm。

简称《实施纲要》),更是将依法行政与法治政府推向一个新的高潮。《实施纲要》是广东省首次以省委、省政府文件形式出台部署法治政府建设的重要文件,规划了今后 5 年广东法治政府建设的纲领目标和行动路线。《实施纲要》确立的广东法治政府总体目标是:"到 2018 年,珠三角地区各级政府率先基本建成职能科学、权责法定、执法严明、公开公正、廉洁高效、守法诚信的法治政府;到 2020 年,全省基本建成法治政府,依法行政工作水平处于全国前列。"广东省根据建设广东法治政府的总体目标和衡量标准,依次提出了依法全面履行政府职能,完善依法行政制度体系,推进行政决策科学化、民主化、法治化,坚持严格规范公正文明执法,强化对行政权力的制约和监督,依法有效化解社会矛盾纠纷,全面提高政府工作人员法治思维和依法行政能力七个方面共 43 项主要任务,并具体落实到 39 个部门。《实施纲要》还提出了广东法治政府建设的组织保障和落实机制,包括加强党对法治政府建设的领导,落实第一责任人的责任,强化考核评价和督促检查,加强典型示范、宣传引导和理论研究。① 同时,为深入推进依法行政和加快建设法治政府,广东根据中共中央、国务院《法治政府建设实施纲要(2015—2020 年)》和中共省委、省政府《广东省法治政府建设实施纲要(2016—2020 年)》等有关规定,结合广东实际情况的需要,于 2016 年 12 月修订通过了《广东省依法行政考评办法》,从而为对广东省行政区域内的依法行政进行全面的考评提供科学的、可操作的、有效的考核指标体系,驱动广东法治政府的建设进程。

三是司法体制改革。如果说制定良好的法律是实现法治的基本前提,那么,独立公正的司法运作就是落实法治的重要保障。正是

---

① 参见广东省人民政府法制办公室《省委、省政府印发〈广东省法治政府建设实施纲要(2016—2020 年)〉》,见 http://www.yfxzb.gd.gov.cn/publicfiles/business/htmlfiles/yfxz/zcjd/201608/13782.html。

为了确保司法公正，广东在一些地方着手从诸多方面推进司法体制改革：①明确法官权责——借鉴国际上成功的经验，大胆探索建立健全法官独立审判制度，进一步明确审判责任主体，强化错案责任追究；②推动司法民主——完善人民陪审员制度和人民监督员制度；③加强队伍建设——稳步推进司法人员职业化改革；④强化内外监督——健全内部约束机制以防止司法机关的内部腐败，建立严格的外部监督制度以防止任何机构和人员非法干预司法机关独立行使职权。同时，广东是全国首批司法改革试点省份之一，2014年推动司法改革试点工作的内容主要包括改革审判权、检察权运行机制，完善法官、检察官职业保障制度，完善法院、检察机关人员分类管理，建立法官、检察官统一提名管理，省以下法院、检察院财物统一管理。为此，广东相继出台了《广东省司法体制改革试点方案》和《全省人民法庭审判权运行机制改革实施方案》，设立了最高人民法院第一巡回法庭、广州知识产权法院，铸就了一个个"改革样本"。

2. 示范的基本方向之二：民主——推进民主治理

如上所言，近40年来，广东一直在实验包括选举民主在内的集多种民主形式于一体的民主治理。从广东治理改革的实践历程来看，民主治理依然是广东治理创新发展的大方向，它有四大着力点。

一是规范选举民主。广东在推进选举民主发展的同时，也着重针对民主选举出现的问题进行有效规范。广东根据宪法和有关法律，以重视落实公民的选举权利为目标，以完善公民参与选举的制度作为保障。同时，切实保障公民的选举权，扩大公民的政治参与，完善民主选举规程。适当引入竞争机制，如一些地方人大换届或代表补选中，让部分区人大代表在选举中进行竞选。尤其在乡村民主治理过程中，积极推进选举民主的发展，民主选举的法律程序趋于规范统一，包括选民登记及名单公布、选委会产生、候选人提名、无记名投票、秘密写票、公开计票和当场公布选举结果等每一个环节在实践中都能落实到位，体现了平等、公开、民主、法治等原则。同时，采取有力措施打击处理选举过程中出现的乱象，例如，规定地方乡镇政府及其工作人员不得直接操纵和干涉农村选举；大力打击选举过程中的非法竞选行为，如送礼、摆宴席和娱乐招待、用现金拉票买票、竞选人派发当选后可兑钱的筹码等[①]；阻止宗族为扩大或保持本宗族的势力和利益而干扰和介入村委会选举的行径；采取有效途径和办法化解选举过程中因利益纠纷出现的派系纷争；遏制黑恶势力侵入农村选举，因为有些地方农村的"地痞流氓"或"土霸"为达到自己的利益，聚集社会闲散人员和外面不法分子对选民进行恐吓和威胁以施加压力，或者在选举现场聚众闹事、打架斗殴等，影响了选举的正常秩序。

二是推进预算民主。预算民主是民主治理的一个重要方面，让公民参与预算的活动形式，有助于公民行使财政资金分配和使用的决定权，对提高地方治理效率和预算能力起着重要作用。作为预算民主集中体现的预算监督始于深圳，迄今为止，在广东已有相当的发展。深圳的预算监督实践力图在既有的基础上，把预算监督进一步引向深入。其改革的具体举措大致包括如下几项：设置相关机构——在人大常委会内部设立预算委员会，统一审查和监督政府预算、决算和重大投资项目，以此为预算监督提供组织保障；强化监督职能——政府的所有收入与支出都要纳入人大的监督范围，重大的财政支出必须及时报请人大审查批准；推行责任追究——建立人大对政府计划和预算支出决策失误和造成浪费的责任追究制度，切实提高人大计划预算监督的有效性；实行专项审查——每年选取

---

① 参见《报告称广州农村基层选举贿选现象较为普遍》，见 http://news.xinhuanet.com/legal/2011-10/18/c_122172283.htm。

"一府两院"对财政预算、重大项目、重大决策及社会反映强烈的问题进行询问、质询、开展特定问题调查。

在广州,随着党和政府对预算管理及其改革的高度重视以及全社会参与意识的提高,天河区人大正在为探索实践参与式预算审查监督创造环境、条件和空间,以推动预算制度向着全面规范、公开透明的方向演进。针对以往人大对政府预算初步审查存在内容和形式上欠严密和不够科学、严谨、有效的问题,天河区人大从制度、组织结构、程序等方面着手进行改革与探索,在 2012 年制定了《广州市天河区人民代表大会常务委员会预算审查监督办法》,对预算的编制、执行、决策进行规范,阐述和明确了人大对预算的具体规定和程序。同时,对部门预算资金流向进行监督,对执行率较低的部门进行了专题询问。在 2013 年又制定实施了《广州市天河区人民代表大会常务委员会预算审查监督办法》,从预算草案编制、政府常务会议研究和通过预算草案、代表大会审议和审查批准预算草案这三个审查环节,对人大如何参与、改进预算审查都做了明确规定。从 2013 年年初开始,天河区人大常委会开展了多层次、分门别类的人大代表培训,学习如何读懂读通财政预算报告、代表履职中怎样看管好政府的"钱袋子",并制定了《天河区人大常委会参与式预算审查监督规定》,在审查程序和监督方式上做了具体规定。天河区人大常委会财经工作委员会(以下简称"财经工委")牵头起草制定了《天河区人大常委会财经咨询专家库管理办法》,聘请了 11 位专家参与 11 个部门预算的预审工作,听取专家提出的专业意见和建议。天河区人大常委会选定了 11 个政府部门开展参与式预算试点。具体做法:从该部门编制预算开始,天河区人大常委会各工委在区财经工委的指导下分线口,并组织两个人大代表团参与该部门的编制预算和上一年预算执行情况的民主恳谈会和询问会,充分发挥工委委员、人大代表和专家学者的作用,在恳谈和交流辩论中,提升预算科学性和可行性。通过上述探索与实践,天河区在参与式预算的推进中极大地调动了人大代表的参与热情和建言献策的积极性,促进人大与行政部门的有效互动,提高了预算管理的民主性、透明性、科学性,使人大更有效掌控政府的"钱袋子"。而且,通过吸取人大代表和专家学者的中肯意见使预算方案更切实可行和有效,使资金的使用效益得到提高。①

三是强化协商民主。政协是实行协商民主的重要平台。广东省政协在实行协商民主方面一直颇有作为,发挥人民政协的参政议政功能成为其推进协商民主的重要途径。广东省政协发展协商民主的努力可以归纳为以下几个方面:提升地位——加强政协履行职能的制度化、规范化、程序化建设,使政治协商成为重大决策的必经程序,以此增加政治协商在重大公共决策中的权重和提升其地位;调整界别——合理设置和调整政协界别,探索在政协内部根据不同界别和利益团体组成不同的功能组别,新增行业协会和社会组织界别,把新的社会阶层和各方面代表人士吸纳到政协组织中来,充分反映社会不同阶层的意见和要求,以此增强政协委员的代表性;扩大规模——探索实行按常住人口比例适度扩大政协委员规模,通过规模的适度扩大体现政协委员代表的广泛性;优化结构——优化政协委员、常委的人员结构,使其人员组成在年龄、性别、党派、界别等多种要素的结构组合中更加趋于合理,以提高政协委员、常委政治协商的效能,从而更好地发挥政协委员的作用;创新机制——广东省政协更加注重探索创新协商民主的有效实现形式,例如,就"运用法治方式创新社会治理"专题进行调研时,采取了从全国政协到省、市、县(区)的"四级政协联动"的方式,有效提升了政协协商民主的地位,充分发挥其参政议政的作用。②

---

① 参见林志云《参与式预算监督推动预算管理改革——广州市天河区人大常委会的实践与探索》,载《人民之声》2015 年第 9 期。
② 参见《广东省政协创新协商民主方式,四级政协联动研究法治社会治理》,见 http://gd.people.com.cn/n/2015/0824/c123932-26102432.html。

尤其在党的十八届三中全会通过的《中共中央关于全面深化改革若干重大问题的决定》中提出"健全基层选举、议事、公开、述职、问责等机制。开展形式多样的基层民主协商，促进群众在城乡社区治理、基层公共事业和公益事业中依法自我管理、自我服务、自我教育、自我监督"的要求之后，广东更为重视开展形式多种多样的基层民主协商，重点建立健全城乡社区协商制度，以推进城乡社区协商制度化、规范化和程序化。①广东推进城乡社区协商实践的形式主要包括村（居）民会议、村（居）民代表会议、村（居）党群联席会议、村（居）民议事会、村（居）民理事会、业主（代表）会议，其中的协商主体从基层政府及其派出机关、城乡社区内的党组织、村（居）委员会、集体经济组织、业主委员会、社区社会组织到居民代表等利益相关方，均可参与涉及所在行政村、社区公共事务和居民切身利益的事项协商。一般通过座谈协商、决策听证、民主评议、民情恳谈、民意收集等方式进行民主协商，并通过居民议事厅、微信、掌上村务等平台进行联系、交流与沟通，这有利于进一步健全和完善城乡社区协商机制，丰富协商内容和形式，拓宽协商渠道，以保障基层群众享有更多切实的民主权利，并有效维护他们的合法权益。例如，目前运行取得较为明显成效的梅州市芳心村的协商议事会、增城区下围村的村民代表议事会、深圳市罗湖区议事会等，都是这方面的鲜明例子。

四是推行党内民主问责。广东推行党内民主问责的试点起步较早，已经取得了相当的经验。广东东莞、深圳等地为将党内民主问责的实验进一步推向深入，着重加强市县党代表直接联系群众这一制度的建设，具体体现在两地极力推行的党代表工作室制度上。到

---

① 参见广东省民政厅《广东省民政厅转发民政部关于深入推进城乡社区协商工作的通知》，见 http://www.gdmz.gov.cn/gdmz/tzgg/2016-10/20/content_9c9032f70813407a83a8e68be918a84c.shtml。

2013年，东莞市已经建立起616个党代表工作室，分布在市直机关、镇（街道）、村（居）、非公企业、社会组织、学校等，实现了地域全覆盖。深圳市盐田区则分别以社区和行业为依托在全区所有22个社区和教育、卫生、公安、法院、检察院和市集装箱拖车运输协会六个行业系统内建立了标准化、连锁店模式的党代表工作室，这些党代表工作室成为党直接联系群众的重要平台和阵地。同时，深圳市盐田区还在借鉴人大、政协民主决策经验的基础上，推出了党代表提案制。党代表根据日常履职和调研情况向党代会提交提案，经大会各代表团讨论后进行表决。不仅如此，还需要对办理程序、答复程序进行严格规定，以保证表决通过的提案得到有效办理与执行，从而促进群众向党代表反映的较具普遍性的重要问题进入党代会和党委决策进程。此外，深圳盐田区也创设了党委述职制度和党代表问询制度，要求区委书记及其他区委常委在会上进行口头述职，区纪委班子成员、各党（工）委书记提交书面述职报告。党代表对区委常委的工作情况进行询问，由区委常委作答，最后由党代表民主评议。① 这些制度的实施，为强化党代会监督权和推行党内民主问责提供了制度保障。

3. 示范的基本方向之三：共治——探索协同治理

在传统全能主义体制下，国家权力无边界扩展的结果是社会彻底丧失自治的空间。随着基层群众自治的发展和各种草根性、民间性、公益性社会组织的兴起，广东社会自治的空间已初步打开。因此，广东治理创新实践的主要目标之一，就是要让社会自治的空间进一步放大，通过探索协同治理的有效实现形式以实现共治。其着力点是采取以下措施来加快探索协同治理的步伐。

---

① 参见温松、王升平《群众路线的制度化探索——广东省党代表工作室制度的实践与启示》，载《求实》2016年第7期。

（1）党委领导——发挥党委在治理创新格局中总揽全局、协调各方的领导核心作用。党在治理创新中着重完善自身组织建设并优化基层组织设置方式，使基层党组织重心下移，如清远将党支部建立在自然村、佛山将党支部建立在村民小组之上并将党支部建在经（联）济社。为进一步强化党组织的领导核心地位，广东还在一些地方的村（居）成立或建设党工作委员会或党总支、党委会，以及在"两新"组织中建立党工委。在密切党群关系上，探索实践党代会常任制、党代表工作室等有效实现形式，以巩固和加强党在治理改革过程中的执政基础和领导地位。

（2）政府负责——努力建设一个职能科学、结构优化、廉洁高效、人民满意的服务型政府。举例来说，政府在提供公共服务上，力求建立和完善公共服务体系，以逐步实现基本公共服务均等化。例如，正在推进的政府购买社会组织服务制度、在基层建立公共服务站或政务服务中心、制定权力清单、行政审批制度改革等，有利于促进政府切实自觉承担起本身职责。再如，在促进社会组织建设上，着重推进有关社会组织的法规建设，特别是公益性非营利组织方面的法规，修订行业协会、商会的相关法规，在法规上明确社会组织在经济、政治、文化、社会建设中的功能定位，从而为社会组织发展创造良好的法律环境；探索改革社会组织登记管理制度，制定社会组织设立指引，对社会组织进行分类指导、重点扶持，简化审批手续；进一步加大政府财政对社会组织发展扶持的力度，建立政府专项资金，用于扶持民间社会组织的发展；等等。

（3）社会协同——充分发挥各类群众组织、企事业组织、基层自治组织在社会自治管理中提供公共服务、维护合法权益、反映民众诉求、促进社会公益等方面的重要作用，例如，通过改善各级工会的运转方式和探索建立行业工会的途径、方式，使工会组织在维护劳动者权益、维护社会稳定中发挥更大的作用；同时，大力发展包括行业组织、社会团体、志愿者团体、中介机构等在内的各种社会组织在社会建设和协同治理中所具有的提供服务的职能。

（4）公众参与——积极维护和保障公民所享有的知情权、参与权、表达权与监督权，逐步提升公民在信息获取、咨询建议、事项议决、预算参与、干部推选、监督问责、议程设置与规则制定等治理方面所能分享的权力，从而引导公民积极参与并投入政治生活中，以扩大公民有序政治参与。

至此，从广东治理创新近40年的实践历程中，我们可以清楚地发现，走向良法之治、推进民主治理和探索协同治理就是广东为中国国家治理现代化探索、实验、示范的基本方向。换言之，广东治理创新实践所示范的就是良法之治、民主治理、协同治理。在这里，一个需要讨论的问题是，率先示范良法之治、民主治理、协同治理的省份为什么是广东省而不是其他地方？答案来自广东这一沿海大省本身。

广东扮演示范者的角色有相当充分的理由。一方面，通过近40年的改革开放，广东作为改革开放先行一步的前沿阵地，已先于全国建立了相对成熟的市场经济体系，经济发展的水平一直位于全国的前列，整个广东的社会环境比较开放，公民的权利意识相对强烈，加上拥有毗邻港澳的地理位置，所有这些都为广东承担示范者的角色提供了独特的优势和条件。另一方面，在近40年的治理创新的实践探索中，无论推行良法之治、民主治理，还是探索协同治理，广东都进行了持久的实践，积累了丰富的经验。以广东行政审批制度改革为例，2012年经国家工商行政管理总局批准，广东率先在深圳、珠海、东莞、顺德等地开展商事登记制度改革试点，实行商事主体登记注册与许可经营项目审批分离、注册资本认缴与实缴登记分离、企业住所与经营场所登记分离，以充分激发市场主体活力。2014年1月，在总结评估深圳、珠海、东莞、顺德等地试点经验的基础上，广东省政府印发《广东省商事登记制度改革方案》；同年2月，广东省工商行政管理局印发《广东省工商行政管理局关于工商登记制度改革的实施办法（暂行）》，细化工作目标、步骤和措施等，全面推进全省各级工商登记制度改革工作。这一改革有助于实现《广东省"十二五"时期深化行政审批制度改革先行先试方案》明确提出的到 2015 年要"力争成为全国行政审批项目最少、行政效率最高、行政成本最低、行政过程最透明的先行区"的目标，并为广东分别在商事登记制度、企业投资管理体制、便民行政服务体系、社会组织登记管理体制等领域的改革奠定经验基础，以推动压减行政审批事项、规范政府行政审批权力、优化行政审批流程以及强化批后监管等方面的改革探索。① 因此，广东推进行政审批制度改革的实验具有一些试验的性质，但这种实验却具有前后呼应、一脉相承的逻辑连贯性和时间延续性。因而，在先前实验的基础上，把广东行政审批制度改革继续往前推进不过是一件顺理成章之事。这也表明，示范法治、民主、共治，广东具有当仁不让的历史使命。正如历史所揭示的那样，近 40 年来，广东一直是中国治理创新的"实验地"和"示范田"，广东为其所辖各个地方的先行实验提供了深厚的土壤、宽松的环境和广阔的空间，而各个地方的先行实验则提升了广东作为中国治理现代化"实验地""示范田"的价值和地位。

正是由于广东各个地方的试点与示范工作具有内在关联性，因此各个地方的示范在广东并不是孤立发展的：不仅各个地方的试点与示范工作是广东示范的一部分，而且各个地方每一个城市的试点、示范形成了相互支撑、彼此互动的治理创新格局。因此，在广东范围内，从珠三角、粤东、粤西到粤北四个区域所在城市的治理创新示范点就可以连接成为一条线，这样，"点"与"点"的连接、"线"与"线"的交织，不仅会把广东的示范连成一片，而且

---

① 参见温松《广东省行政审批制度改革的现状评估与路径探析》，载《探索》2015 年第 4 期。

会将其示范的影响放大，使之越过岭南，辐射全国，以致最终形成一个更为广阔的局面——那是共和国法治民主共治的局面。在此意义上，我们有理由说，广东的治理创新预示了中国国家治理现代化的未来。

第二章

地市网络问政：
构建问责机制的河源经验*

近年来，随着网络技术在中国的迅猛发展和广泛应用，被视为开辟了政治文明新形式的网络问政已成为不可回避的发展趋势。尽管国内学术界尚未就此概念的定义达成一致的看法，但一般认为，网络问政是政府和民众以互联网络为平台，通过开展多种方式的交流，以实现公众问政问事于政府、政府问计问策于民众的双向互动过程。①

---

* 本章原文载于《学术研究》2012年第12期，此次收录，标题略有改动。
① 参见南方报系网络问政团队《网络问政》，南方日报出版社2010年版，第152页。

从目前已有的相关研究文献来看，大多数相关的论述停留于对网络问政的特点、意义、局限、未来前景进行浅层的评价和讨论，缺乏对网络问政的实际运行机制进行深入的分析，因而难以揭示网络问政对于当代中国政治发展的意义。本章尝试以现代问责理论为分析视角，基于对广东省河源市网络问政实践的经验观察，探讨目前中国责任政府建设中一个尚未被充分讨论的新问题：网络问政是否能实现问责以及如何建构问责？

一、界定问责：分析脉络与概念重构

在20世纪的西方学术界，问责虽然已经成为政治学和公共行政学的核心概念之一，但对这一概念的界定却争论不断。不过，正是在这些争论中，问责概念的内涵逐步得以扩展和丰富。汉语学术界正在梳理这一过程，以把握其中概念演进的学理脉络。① 这里，我们从勾画这一过程的几个主要节点入手，展示问责概念内涵扩展和丰富的基本轨迹，以便为在中国语境中重构问责概念提供学理基础。

第一个节点是把问责归结为官员必须对自己的行动给予某种解释和说明。著名行政伦理学家凯顿（Gerald E. Caiden）在区分紧密联系且经常混用的三个概念（责任、问责和义务）的基础上，强调问责意味着官员必须对自己的行为进行辩护，解释其理由，记录其不当，以让公共舆论给予审查。② 在此概念分析中，惩罚与补偿尚未成为问责概念的内在元素。

第二个节点是不仅强调官员对自己行为的解释与说明，而且主张把"强制"纳入问责概念之中。所谓"强制"，是指"问责机构有能力对违反他们的公共职责的权力使用者施加惩罚"。由此，问

---

① 参见马骏《政治问责研究：新的进展》，载《公共行政评论》2009年第4期。
② 参见 Robert D Behn. Rethinking Democratic Accountability. Brookings Institution Press, 2001.

责概念被归纳为两个基本要素：回应性（解释与说明）和强制性（惩罚与奖励）。在此意义上，谢尔德（Andreas Schedler）对政治问责概念的定义具有典型意义："当 A 有义务告知 B 关于 A（过去或将来）的行动和决定，并为它们进行辩护，一旦出现不当行为则将遭受惩罚，A 就是对 B 负责的。"①

第三个节点是突出问责的外部关系要素。如果说上述两个节点的重心在于确立问责关系的两大内在特征，那么，理查德·莫尔干（Richard Mulgan）则集中分析了问责关系的三种外部要素：①外在性，即问责主体是来自问责对象之外的行为体；②社会交互性，即一方处于质询状态，另一方处于接受制裁状态；③权威性，表现为问责主体对问责对象拥有监督的支配权。② 由于内部问责关系的广泛存在，外在性和权威性虽然难以被视为问责存在的必要条件③，但是，这一节点的意义在于凸显了问责主体对于问责对象的质询、监督、惩罚地位，从而强化了问责关系中的主体性与互动性。

在由上述三个节点构成的问责概念内涵界定的论述脉络中，如果说前两个节点更多关注被问责对象的作为（回应性）和受到的奖惩（强制性），那么，第三个节点则着力展示了问责主体的地位和功能。因此，如果把问责看作一种权力制约关系和一个完整的运作过程，那么，在我们看来，在中国政治语境中定义这一关系和过程需要突出三个元素。

一是责问。这是来自问责主体的"责问"。这种"责问"不仅

---

① Andreas Schedler, Larry Diamond, Marc Plattner. The Self-restraining State: Power and Accountability in New Democracies. Lynne Rienner Publishers, 1999: 17.

② 其实，在第二个节点的分析中，谢尔德已经意识到问责机构必须涉及问责中的另外一个要素——外部行为体，因而，有效的问责仅仅依靠政府部门内部成员相互之间的充分交流是不够的，必须依靠来自外部的时刻关注的一双双眼睛。这也意味着第二个和第三个节点之间的分析实际上是连续的，并非完全断裂。

③ 参见世界银行专家组《公共部门的社会问责：理念探讨及模式分析》，张涛译，中国人民大学出版社 2007 年版。

来自权力系统内部（如上级党政机关）和外部（如公民或公民团体），而且可能采取多种形式（批评、建议、质询、诉求等）。尤其需要强调的是，对作为外部问责主体的公民或民众来说，"责问"不仅要求问责对象给予信息说明、提供解释理由，更重要的是要求他们采取行动，给予办理、落实。由此，来自公民或大众的"责问"有可能是双重的：一问求解释，这是讨说法；二问求解决，这是要落实。

二是回应。这可以看作被责问对象面对问责主体的"答复"。这属于谢尔德所说的"回应性"的层面。但我们不能把这种"答复"仅仅归结为信息交换、理由解释。实际上，它包括两个方面，即信息方面的解释与说明和行动方面的解决与落实。

三是奖惩。这是对被责问对象的"课责"。这种课责具体体现为奖励或惩罚，尤其体现为对"失职"的惩罚。

基于上述三大元素，我们倾向于把汉语政治理论语境中的问责概念做如下解释：面对内外问责主体的责问，问责对象不仅有义务将其过去或将来采取的行动和决定告知问责主体，并给予说明、解释，同时采取相应的行动以落实、解决问责主体提出的合法诉求、合理建议等，而且问责对象对问责主体之回应、答复将借助制度性的安排受到相应的奖励或惩罚。

二、从问责看网络问政：以河源市的实践为例

基于上述问责概念的界定，我们以广东省河源市的网络问政作为实例来观察网络问政如何建构问责。之所以挑选河源市的网络问政作为实例来讨论，理由主要有两方面：一方面，其网络问政不仅取得了明显的实际成效，而且具有一定的示范意义。① 另一方面，实地调研也为我们提供了鲜活的经验材料。② 在此，我们从问责的三个环节入手来观察其网络问政建构问责的具体内容。

（一）责问：网络问政搭建问责的第一根柱子

在此环节，网民能否成为问责主体是关键性的一步。我们通过回答如下问题——"多少网民在问"（数量）、"问什么"（内容）、"问谁"（谁被问）以及"问能否得到保障"来回答这个问题。

---

① 在2011年2月由第二届中国网络问政研讨会发布的2010年度广东网络问政排行榜上，河源市被评为"最受网民关注的广东网络问政年度城市"。（参见罗繁明、李康尧《网络问政年度城市，为什么是河源》，载《决策》2011年第4期。）

② 2011年7月初，笔者与中山大学政务学院副教授朱亚鹏博士及研究生刘学、石龙洪、闫小雨一行对河源的网络问政进行了实地调研，通过现场观察、资料收集和访谈三种方式获得了大量经验材料。刘学、石龙洪正是在此调研的基础上完成了以河源为案例的硕士学位论文写作。本节的写作也得益于两位同学的相关研究和提供的帮助，特此致谢。

1. "多少网民在问"

根据统计，2010年，河源市共有网民123万人，其中访问过政府网站的网民约30.6万人，在全体网民中约占24.9%；30.6万网民中有77.2%通过政府网站查询过政务信息，22%的网民（约6.73万）通过政府网站反映问题、投诉、建议、咨询，14.3%的网民查询过办事指南或下载过业务表格。① 因此，在一定意义上，如果把那些通过政府网站反映问题、投诉、建议、咨询的网民视为责问者，那么作为责问者的网民在数量上并不算多，在河源市网民总数中只占很小的比例。但数据也显示，在2010年广东各地级市网民对政府网站的应用情况中，河源市网民通过政府网站"反映问题、投诉、建议、咨询、信访"很活跃，其比例高达22%，在广东省21个地级市中排名第一，远高于广东省的14.1%的平均水平。由此可见，河源市网民通过网络反映问题、提出诉求的比例较高，这一点显然与河源市2008年以来大力推行网络问政不无关系。

2. "问什么"

我们以2011年河源"公仆信箱"收到的11095封电子邮件为例来分析。从11095封邮件中涉及的内容来看，网民的关注点主要集中在交通安全、社会治安管理、整治非法采矿、城市规划与管理以及教育收费与教师队伍建设等事务上，有关这几类事务的信件共计5978件，约占来信总量的54%。② 这表明网民所问直指事关民众切身利益的公共事务，具有具体的现实内容。如果把11095封邮件按照申诉类、求决类、意见建议类、揭发控告类和其他类进行分

---

① 参见中国互联网络信息中心《2010年度广东省互联网发展状况研究报告》，见http://www.cnnic.net.cn/research/bgxz/imbg/201106/t20110609_21322.html。

② 参见河源市信访局《2011年河源网上信访工作情况综述》，见http://gpxx.heyuan.gov.cn/gpxx/documents/download.htm?attach=20120228092710_12583.doc。

类(见图2-1),那么,我们不难发现,网民所问的或是要求给予解释与说明,或是要求给予落实与解决,或是要求给予惩罚。

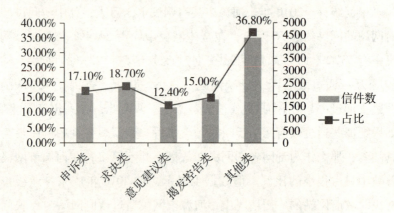

图2-1 2011年度河源公仆信箱电子信件分类统计

3."问谁"(谁被问)

从被问的领导来看,可知市、县区的党政"一把手"是被问的主要对象:在2010年的一项统计中,按照收到信件的多少排名,市委书记和市长分别排名前两位,排在第4~11位的有7位是市区/县的书记或区/县长。① 从被问的部门来看,网民责问最多的是公安局、教育局、住房和城乡规划建设局、城管局、交通局、环保局、土地资源管理局、卫生局、信访局等政府部门。

4."问能否得到保障"

河源市从多个方面为网民之问提供保障。从网络问政的信息平台来看,截至2011年年底,河源市先后设置了包括公仆信箱、公

---

① 此统计数据由石龙洪根据2010年河源市公仆信箱排行数据整理。参见石龙洪《政府主导的网络问责——以H市为例》(硕士学位论文),中山大学2012年,第31页图2-9。

仆微博、公仆在线、微博播报、手机上访系统和12345政府服务热线在内的六个子平台,① 这些子平台构成了一个较为完整的网络问政信息技术体系,借助这一体系,网民可以及时方便地向党政部门发出他们责问的声音。对于网民来说,他只需要在河源市政府网站上注册登录,即提交简单的个人信息(如用户姓名、电子邮箱、联系电话、真实姓名、用户住址、身份证号等),登录之后网民即可在系统中发出信件。此外,针对不知道如何上网提交信件的公众,共青团河源市委员会联合市信访局在全市各镇、村设立"公仆信箱团员代写网上信件服务站",② 以方便非网民间接上网写信。

总之,虽然河源网民中真正直接参与责问的人数不是很多,但网民所问的内容或涉及他们的切身利益,或涉及公共利益,所问的对象也集中在作为党政责任者的"一把手"之中;同时,网民之问无论是在信息平台上还是在制度安排上都得到了基本的保障。这样来看,河源的网络问政似乎已经初步搭建起问责的第一根支柱。

(二) 回复:在解释与解决之间

如果说网民的责问是支撑网络问政走向问责的第一根柱子,那么,被责问的领导与部门对这些网民责问的回复则是网络问政能否走向问责的第二根柱子。以下我们从制度规定、数量统计、质量状况几个层面来了解这根柱子的构成。

1. 回复流程的制度规定

为了保障收信的领导或部门及时有效地回复网民的来信,河源

---

① 参见陈建华《开展网络问政,创新社会管理》,见http://news.china.com.cn/rollnews/2011-12/05/content_11546869.htm。

② 参见《公仆信箱团员代写网上信件服务站落户全市各镇村》,见http://youth.heyuan.gov.cn/read.aspx?id=1991。

市把回复流程分解为五个基本环节：①受理（来信经信箱管理人员筛选整理后转至领导个人信箱，由领导本人阅批）；②办理（市领导将批示信件转至有关县区领导信箱或市直单位领导信箱，由相关县区或市直单位在规定时限内按市领导批示要求进行办理）；③办结（信件反映问题得到彻底解决，办结期限为 2 个月）；④回复（责任单位分别在规定时限将信件流转办理情况和办结结果公开回复或点对点回复信访人和交办领导）；⑤公布（对民众普遍关心和影响较大的问题，必要时通过新闻媒体向社会公布）。① 河源市不仅要求上述五个环节环环相扣、依次连接，而且由中共市委/市政府/市纪委办公室和市信访局进行回复流程跟踪，对超过规定时间未办理或办理不力的领导或部门进行督办，以确保对网民信件的回复及时到位。因此，单纯就回复流程的制度规定而言，河源市已经形成了一套保障有效回复的形式规范。

2. 回复网民的数量情况

我们以两个数据为例来说明。一是回复率。河源市的网络问政从 2008 年 6 月起步，截至 2011 年 5 月 18 日，河源市政府门户网站发布信息 5 万多条，最高日访问量超过了 1.5 万人次，共有 425 个行政许可及非行政许可事项上网流传，累计数量共 93037 件。网站互动交流信息 8 万多条，其中"公仆信箱"收到群众信件 5.6 万多封，信件回复率达到 99.12%。② 二是办结率。作为河源市开展"网络问政"的主要载体和渠道，其"公仆信箱"网络平台自 2009 年开通以来到 2012 年 1 月底，共收到群众邮件 50713 封，办结

---

① 参见中共河源市委办公室《关于加强"公仆信箱"管理的通知》〔2009〕6 号（政府内部文件）。

② 参见省调研组《河源市网络问政形式创新成效明显》，载《河源日报》2011 年 5 月 28 日。

49788封，办结率达到98%。① 从这两项数据来看，无论是回复率还是办结率，都达到了很高的程度。

3. 回复网民的质量分析

根据一项随机抽样的统计分析，有不少回复是没有任何信息内容的空话，而大部分的回复属于解释型答复，只有很少的回复或是提供了解决问题的具体办法，或是直接说明网民所反映的问题已经得到解决。② 如果从上述问责所要求的回应性的两个层面——解释与解决来看，那么，似乎有理由说，在推行网络问政过程中，河源市相关政府部门对网民信件的回复质量实际上高低不一，这体现为信息方面的解释远远多于行动方面的解决。

综合上述河源市网络问政中对网民的回复情况，我们发现，虽然这种回复已经初步搭建起网络问政建构问责的第二根柱子，但是就问责所要求的回应性而言，这根柱子内部隐含着双重紧张。主要体现为：一是回复的数量与质量之间的紧张。尽管从回复的数量上看，无论是回复率还是办结率，都达到了很高的程度，但是回复的数量与回复的质量完全不成正比例关系，二者之间存在明显的差距。二是信息方面的解释与行动方面的解决之间的紧张。这不仅表现为解释远远多于解决，而且更体现在政府部门的许多回复只停留在"说"的层面而难以真正落实到"做"的层面。于是，在回应性所要求的解释与解决之间常常是脱节或断裂的。

---

① 参见冯伯友《广东河源"公仆信箱"三年办结群众诉求近五万件》，载《中国纪检监察报》2012年1月30日。
② 石龙洪随机抽取了"公仆信箱"中的300封电子信件，统计分析其回复的情况。分析的结果是，有18%的回复是没有任何意义的空话和套话，40%的回复针对问题提供了一定的解释，19%的回复承诺解决问题，7%的回复提供了解决问题的具体对策，16%的回复是直接解决问题。[参见石龙洪《政府主导的网络问责——以 H 市为例》（硕士学位论文），中山大学2012年，第34页图2-11。]

(三）奖惩：网上与网下协同作业

如上所言，奖惩是问责的基本元素之一。因此，网络问政建构问责不能仅仅依靠责问与回复两大支柱，它还必须搭建第三根支柱——奖惩。问题是，如何在网络问政的运行中植入奖惩元素？换言之，网民的责问与政府的回复，作为信息交流，在网络上的作业是很方便的，而把虚拟的网络问政与实在的奖惩实施连接起来却是网络问政构建问责的一个难题。从河源的经验来看，奖惩植入网络问政主要体现在两个层面。

1. 针对网上回复状况进行奖惩

奖惩的依据是考核。为此，河源市各级政府就如何进行量化考核制定了具体细致的规定。以河源市级的考核规定①为例来说，它明确考核对象（即以各区县和纳入年度考核的市直机关部门作为考核对象）、设置考核内容（如及时回复率、限期办结率、群众满意率、承办信件数等）、制定评分办法、实行抽查制度（即按照信箱信件总数的3%抽样，最少抽查1封，最多抽查10封，如果发现弄虚作假、不作为的，每宗扣3分）等。以此为基础，河源市双管齐下强化考核的意义。一方面，将公仆信箱的考核纳入信访工作量化考核当中：信访工作量化考核结果不满60分或被省列为实行重点管理的县区为不达标；不达标的县区及该县区党政主要负责人和分管负责人除将受到通报批评外，还需要向市委、市政府做出书面检讨并提出整改意见。②另一方面，把考核结果和领导干部年度考核

---

① 参见中共河源市委办公室《关于印发〈河源市"公仆信箱"绩效考核办法（试行）〉的通知》〔2010〕17号（政府内部文件）。

② 参见叶运枚《信访工作量化考核公仆信箱纳入考核》，见 http://www.gdhytv.com/2010/0804/3181.html。

挂钩,这在一定程度上将影响到干部职位的晋升。

2. 以网下的奖惩呼应网民的责问

虽然通过对网上政府部门及官员的回复进行量化考核而实施的奖惩在一定程度上展现了网络问政与奖惩的连接性,但如何让网民的呼吁、责问通过网下的奖惩更直接地展现对政府行为的问责依然是网络问政的一大难题。河源市化解这一难题的一个办法是在政府职能部门就专门事务推行问责制,并使之与网络问政衔接配套。近年来,河源市一方面先后就整治市区交通秩序、扶贫开发、森林防火、环境保护、查处违法违章建筑、矿产资源管理、污水处理设施建设、道路客运安全管理、创卫工作、重点项目建设等事项出台了 13 项问责制;① 另一方面,以网民的呼声、责问作为建立和落实这些问责制的推动力。举例来说,由于网民通过"公仆信箱"对河源市区交通秩序问题的反映强烈,河源市于 2009 年 1 月对整治市区交通秩序管理实行问责制。为此,市政府专门成立督查组,对市区主要街道和路口乱停乱放、乱闯红灯、不按规定线路行驶等交通违法行为进行不定期明察暗访,对执法不严、违法不究达到一定数量的责任民警、分管大队、支队、市局分管领导追究责任。在整治行动中,有 3 名交警大队领导因违反规定被处停职 15 天的处分;根据截至 2010 年 6 月 30 日的统计,共曝光公务车辆 1366 辆,已对累计达 3 人(次)以上的 34 个市直和中央、省驻河源单位及其主要负责人进行通报批评。② 这一事例表明,通过引入和实行部门专项问责制,网民的责问与对官员的奖惩之间的连接链条初步建立了起来。

总之,正是通过网上与网下的协同作业、互相配合,虚拟的网

---

① 参见谢素德《我市出台问责制后取得一定效果 网民认为问责别走过场》,见 http://www.hynews.cc/news/2011/0107/article_15659.html。
② 参见《河源严格落实问责制,交通整治见成效》,见 http://www.fzgd.org/sxfz/201009/t20100907_116019.htm。

络问政与现实的奖惩实施终于连为一体，从而使网络问政初步搭建起了问责的第三根支柱。

三、网络问政建构问责：四个层面的理论分析

基于上述网络问政如何建构问责的经验观察，我们拟从以下四个层面入手，揭示网络问政建构问责的性质、形式、意义和限度，以深化对此问题的理论认知，从而为网络问政建构问责的实践提供进一步的学理支持和知识依据。

（一）性质：两种取向

需要讨论的第一个问题是，网络问政所建构的问责在性质上是单一的行政管理取向，还是具有某种程度的政治民主取向？

之所以提出这一问题，其缘由在于，按照传统西方问责理论，在民主理论视角和公共行政视角下的问责在性质上具有不同的取向：政治问责以选举制度和议会制度为前提，它与民主过程中的投票程序紧密相关，"通过政治问责程序，政府能够正式地就其行为向选民做出解释和回应，选民也能够通过票箱决定官员们的去留"[1]；行政问责以行政系统内部的科层组织结构为基础，依照纵

---

[1] 宋涛：《社会规律属性与行政问责实践检验》，社会科学文献出版社2010年版，第105页。

向的等级问责方式运行,体现的是行政组织内部高层职位官员对下属的质询与奖惩的权力。在性质上,前者具有政治民主取向,后者则体现行政管理取向。如果按照这一理论框架来透视网络问政,那么,人们通常会认为,它所建构的问责在性质上只具有行政管理取向,而与民主取向无缘。支撑这种观点的理由在于:在网络问政中,问责主体既非选民也非议员,而是网民;问责也不是在选举制度和议会制度中运行的,而是借助互联网的信息平台展开;网民的问责也难以像选举投票那样能直接决定官员的去留,渗透于网络问政中的某种程度的奖惩最终取决于党政权力机构的决定而非网民的选择。

然而,在我们看来,这种观点其实有失偏颇,其盲点在于把政治问责的民主取向限定在选举民主的框架下,或者说把政治问责所体现的民主仅仅归结为选举民主。一方面,现代问责理论的研究表明,选举民主主要解决权力交接、利益代表问题,对于问责而言,选举民主并不是一种完全有效的机制:在那些建立了选举制和代议制的国家,随着选举的结束,选民就很难再约束政治人物以促使其负责,因而,选举民主与问责之间的连接线不仅是脆弱的,而且常常是断裂的。另一方面,现代民主理论不仅拒绝把民主简单地理解、归结为选举民主,而且力图发掘、拓展现代民主的新形式,比如监督式民主(monitory democracy)。监督式民主不仅是继代议制民主和协商民主之后的一种新型民主形态,而且展现了新媒体时代民主实践的新理念:监督式民主和计算机化的媒介网络像是一对双生儿,方便、快捷的信息传播媒介为大众随时随地监督政府提供了可能;"在监督式民主时代,'国民'(people)、'公众'(the public)、'公众问责'(public accountability)、'人民'(the people)或'公民'(citizens)这些词汇常常被交替使用,权力审查机构遍地开花"[①]。

[①] John Keane:《监督式民主:新媒体时代民主实践的新理念》,吴小坤译,载《开放时代》2009年第2期。

质言之，如果一方面不把民主仅仅归结为选举民主并且认识到选举民主对于确立问责的有限意义，另一方面从监督式民主的角度来看网络问政对于问责的建构，那么，我们显然不能完全排除其问责的政治民主取向。因为，河源市网络问政的经验表明，作为问责主体的网民虽然不是选民，但是，他们不仅在一定程度上是民意的表达者，而且更是依靠新媒体来监督权力的监督者。就此而言，尽管网民没有从结构上根本颠倒问责的链条，实现选民向政务官员的问责，但他们却成为一股直接监督政府、直接向他们施加压力的重要力量，从而在一定程度上促使党委和政府直接向民众负责，初步形成了一种不同于选举的垂直问责。而且，在中国目前政治与行政之间缺乏明确界限的环境下，尽管河源网民的责问、诉求的内容主要集中在政府的行政管理事务上，但收信最多的"一把手"首先是担当政治责任的党委系统的书记，其次才是政府行政系统的市/区长。这不仅表明作为问责主体的网民熟悉中国政治—行政运作的结构和机制，而且问责的对象既指向行政管理系统的领导，更瞄准负责政治管理的党务系统的"一把手"。

总之，基于新的理论视角和经验事实，应该说，网络问政所建构的问责在性质上具有一定的（虽然可能是低度的）政治民主取向和行政管理取向。换言之，它是两种取向的集合体，因而不能简单地只承认其行政管理取向，而断然否定其所蕴含的一定程度的政治民主取向。

（二）形式：复合问责

如果网络问政所建构的问责确有政治民主和行政管理之双重取向，那么，需要讨论的第二个问题是，网络问政所建构的问责是哪种形式的问责，或者说如何在形式上对其进行归类？

如果按照学界关于问责类型的划分，网络问政所建构的问责显然不属于权力部门之间的平行问责，它与垂直问责中的选举问责也判然有别，这样，把它归结为垂直问责中的社会问责似乎是唯一的选项。然而，简单地把它纳入社会问责的范畴可能会遮蔽它的复杂性，因为从整体来看，网络问政所建构的问责是一种内外联动、纵横协同的复合问责。

从外部推动看，网络问政建构的问责始于网民借助网络信息平台发起对权力部门和党政官员的责问，故其问责确实具有社会问责（social accountability）的特征。按照世界银行的界定，"社会问责"是一种依靠公民参与（civic engagement）来实现问责的途径，它通过普通的市民或社会组织，以直接或间接的方式来推进问责。① 在网络问政建构的问责中，问责主体是普通网民，他们以互联网作为参与问责的媒介手段，通过对公共事务、民生问题的持续关注，依靠向党政部门及其负责人施加压力来体现其问责的力量。因此，这是一种从外部切入、自下而上的垂直问责，在形式上与社会问责颇为相似。

然而，我们不能简单地把网络问政建构的问责仅仅归结为社会问责。因为这种问责的实现极大地依赖于党政系统的内部作业。从内部作业看，网络问政建构的问责本身也是党政系统内部问责的双重集合体。一是纵向等级问责与横向平行问责的集合。从上述河源网络问政的案例中来看，无论是来自上级领导（尤其是"一把手"）的纵向等级问责，还是来自一些部门对另外一些部门的平行问责，二者缺一不可，它们交织为一体，便提高了党政系统内部问责的力度。二是网上作业与网下作业的集合。上述分析表明，虚拟的网络问政如何把问责所要求的奖惩落实到位，这是一道难题。河源网络问政化解这一难题的办法是，既考核党政部门及其官员在网

---

① 参见世界银行专家组《公共部门的社会问责：理念探讨及模式分析》，张涛译，中国人民大学出版社2007年版。

上对网民的回复状况并据此实施奖惩,同时以网民的呼声作为问责的动力,根据官员在行政运作中的失误和业绩而进行奖惩。这种双管齐下、两位一体的奖惩措施,推动问责所要求的奖惩得以落实到位。

因此,网络问政所建构的问责是一种在互联网条件下兴起的带有中国本土色彩的内外连动、纵横协同的复合问责方式。简单地把这种问责纳入某种既有问责理论建构的分类框架之中是不恰当的。

(三)意义:三大功能

既然网络问政所建构的问责不仅具有一定的政治民主和行政管理之双重取向,而且在形式上是一种具有本土色彩的复合问责,那么,在建构中国式问责道路的视野下,其意义何在?这是需要讨论的第三个问题。简言之,其意义具体体现为三重功能。

1. 扩展问责主体的外在性和自主性

根据现代问责理论,有效的问责仅仅依靠政府内部成员之间的充分交流是不够的,还必须依靠来自外部的时刻关注的一双双眼睛。[①] 故此,问责主体因来自于问责对象之外而具有的外在性和自主性对于问责的实现意义极为关键。从河源网络问政的实践来看,作为问责主体的网民不仅在数量上迅速扩大,而且常常成为问责事件的外部启动者,他们以一双双独立的眼睛盯住权力的行使者。这在一定程度上改变了中国问责体系中内部问责主体占主导地位的格局,[②] 扩展了中国问责体系中的外在性元素,从而在问责的启动阶

[①] 参见世界银行专家组《公共部门的社会问责:理念探讨及模式分析》,张涛译,中国人民大学出版社2007年版,第8页。

[②] 参见宋涛《社会规律属性与行政问责实践检验》,社会科学文献出版社2010年版,第144页。

段增强了问责的力度。此外,由于作为问责主体的网民关注的都是事关他们切身利益的公共事务、民生问题,积极而主动的参与热情也激发了他们问责的自主性。

2. 增强问责对象对民众的回应性

如上所言,回应性是问责的重要元素之一。不过,回应性不能仅仅理解为"问责对象必须对其行为的公正和正确提供必要的信息"①,它同时应该包括问责对象通过采取切实的行动来解决问责主体提出的诉求。换言之,回应性有解释—说明和行动—办理两个层面。从河源网络问政的实践来看,虽然数据统计所显示的较高的回复率和办结率不足以证明其在实际上已经达到了切实有效的回应性,但在网民的责问、呼吁和党政部门考核、奖惩的内外压力之下,无论是党政部门提供解释—说明的及时性,还是相关部门办理实际事务的落实程度,相对于开启网络问政之前的状况都有明显的提高。在此意义上,有理由说,网络问政建构的问责增强了党政部门作为问责对象对民众的回应性。

3. 激活权力系统内部的奖惩机制

如前所述,没有奖惩,尤其是缺乏惩罚,问责就不可能真正落实。在网络问政建构的问责中,虽然网民无法像选民那样以手中的选票来决定官员的去留,从而在一定意义上让官员获得惩罚,但是,他们在网上表达的诉求、发出的声音却构成一种压力。这种压力通过权力系统纵向的等级传递(如"一把手"的领导批示),最终激活其内部的奖惩机制,使失责的官员受到应有的惩罚。上述河源市在整治市区交通秩序管理中所进行的问责追究就是印证这一判

---

① 宋涛:《社会规律属性与行政问责实践检验》,社会科学文献出版社2010年版,第92页。

断的典型事例。

（四）限度：双重根源

上述意义层面的分析虽然表明网络问政所建构的问责有其积极的意义和正面的价值，但从网络问政的实际运作和真实效用来看，这种问责对于责任政府的建设有其明显的局限性，这也意味着网络问政自身难以建构切实有效的问责。由此，需要讨论的第四个问题是，导致网络问政建构问责局限性的根源何在？我们从两个层面进行分析。

首先，从网络问政本身来看，其建构问责之局限性的表层原因在于现行的网络问政陷入了某种困境，即问责主体与问责对象之间的非对称状态，我们不妨称之为"非对称格局"。一方面，问责主体相当弱势。能在一定意义上称得上问责主体的网民都是有一定文化水平和有较强参与意愿的人群，他们在人口数量上并不占据多数，即使在网民中的数量也很有限，这导致其代表性不足。这些数量有限的问责主体不仅问责能力有限，而且以碎片化的方式参与问责，其结果是问责力量十分分散、影响力小，问责诉求难以对政府形成强大的压力。另一方面，作为问责对象的党政部门及其官员不仅主导网络问政，而且在问责过程中居于优势地位：虽然他们要面对公众的责问，并且需要回应这些责问，但失责标准的确定权、问责的判定权、处罚权等都依旧掌握在他们手中；如果党政相关部门不按照规定履行问责程序，不惩处问责对象，作为问责主体的网民对此也无能为力。尽管河源市针对网络问政中各个部门及其负责人的表现制定了明晰的考核条款，并将这种考核纳入信访工作考核之中，但由于考核不公开，这种考核的力度究竟有多大也就不得而知。因此，在这种问责主体孱弱与问责对象强势的失衡格局下，网络问政建构问责的局限性是不可避免的。

其次，从整体问责制度的建设来说，缺乏成熟的法治民主制度是网络问政建构问责之局限性的深层原因。上述分析虽然表明网络问政所建构的问责既有纵向垂直问责的元素（来自外部的社会问责和来自内部的等级问责），也包含横向平行问责的成分（党政部门间的问责），在形式上它属于一种复合问责，但是，从深层看，这种表面的复合问责实际上有致命的缺失。一是缺失选举民主的制度基础和问责机制。选举民主作为一种垂直问责，尽管不是一种完全有效的问责机制，但它从根本上改变了问责的结构关系，使官员从对领导负责、对上级负责转变为对选民负责、对公民负责，从而为其他形式的问责提供了坚实的支撑条件。由于缺失这一集选举制度和问责机制于一体的支撑条件，目前中国网络问政建构的问责从根本上无法转变官员对领导负责、对上级负责的结构关系，其问责的力度与效果必然受到这一支撑条件缺失的极大制约。二是缺失权力制衡的法治平台。在网络问政建构的问责中，虽然包含横向平行问责的成分（党政部门间的问责），但这种横向平行问责不是立足于权力制衡的法治平台，而且，从河源网络问政的实践中，我们可以发现党委部门的强势作为，却没有看到市人大对政府的监督与问责。缺失权力制衡的法治平台，网络问政建构问责自然行之不远。

总之，无论是从经验事实来看，还是从理论分析来看，网络问政有限度地建构问责是可以确认的，也值得肯定。但关于其局限性及其双重根源的分析也表明，孤军作战、单兵突进的网络问政无法有效建构问责，只有立足于权力制衡的法治平台和选举民主的制度基础，并伴随着社会建设的成长和发展，建构一个包括网络问政在内的立体多元的问责体系才是可以期待的。

区县治权改革：
创新基层治理的顺德实践*

在改革开放的推动之下，中国维持了近40年的高速经济增长，创造了经济增长的"中国奇迹"。[①]然而，随着经济的持续增长，一方面，经济发展与社会发展不协调的问题日益突出；另一方面，在社会矛盾和社会冲突逐年增多的条件下，地方政府的经营性行为已不能适应经济社会发展的需要，地方政府的职能必须进行调整和转变。正是

---

* 本章原文载于《公共行政评论》2013年第4期，系笔者与郭明博士共同撰写，经其同意，收录于本书。此次收录，标题略有改动。

① 参见林毅夫、蔡昉、李周《中国的奇迹：发展战略与经济改革》，上海三联书店、上海人民出版社1994年版。

经济社会发展过程中所面临的困境激发了执政党和政府对治理改革的探寻和摸索。2004年以来，中央政府提出以"科学发展观"作为治国新理念，要求地方政府从以发展经济为主转变为以提供公共服务为本的治理体系。① 在此背景下，全国各地不少市县先后启动了不同形式的地方政府改革，旨在调整治理方式、改善民生水平、平衡增长与公平的紧张关系。这些改革从治理的行政技术层面入手，通过目标责任与量化考核强化了行政权力实施过程中的规范、公开和透明的政务公开机制，也在一定程度上推动了地方政府的职能转变。不过，各种局限于技术治理的行政改革不仅没有从根本上扭转地方政府的经营性行为，而且带来了政府职能过重、行政成本过高、社会空间发育不足等问题。②

如何将技术治理的行政改革提升到一个新的阶段，进一步重构政府、市场和社会的关系，激活企业和社会的活力，开创地方治理协同共治的新格局，这是将地方治理改革推向深入必须回答的重要问题。正是在此背景下，顺德进行的新一波综合改革进入了我们关注的视线：2009年9月以来，作为广东省综合改革试验区，顺德遵循"大部制、小政府、大社会、好市场"的目标，着力厘清政府、社会、市场三者之间的关系，打出了一套地方政府综合改革的"组合拳"。有鉴于此，我们将以2009年以来顺德综合改革的实践为分析对象，探讨其改革的历史轨迹（改革之根源何在）、改革的动力机制（哪些力量驱动改革）和改革的实施线路（改革的具体举措及其影响），并从多个维度对这一改革进行解释和评判，目的在于通过对这一改革案例的分析深化我们对中国地方治理改革的认识。

---

① 参见渠敬东、周飞舟、应星《从总体支配到技术治理——基于中国30年改革经验的社会学分析》，载《中国社会科学》2009年第6期。

② 参见渠敬东、周飞舟、应星《从总体支配到技术治理——基于中国30年改革经验的社会学分析》，载《中国社会科学》2009年第6期。

一、历史轨迹：从产权改革到治权改革

作为广东乃至全国改革的"尖兵"，30多年来，顺德始终处于改革开放的风口浪尖，在改革的历史大潮中，先后掀起了综合改革的两波大浪：第一波的综合改革始于20世纪90年代初，完成于90年代末；第二波的综合改革启动于2009年，至今仍在进行之中。如果说第一波的综合改革以产权改革为核心，是政（府）、经（济）互动的产物，那么第二波的综合改革则以治权改革为中心，在政（府）、经（济）、社（会）三方联动中推进。在此，我们试图通过梳理从产权改革到治权改革的历史轨迹，揭示新一波综合改革兴起的理论逻辑和现实根源。

（一）第一波综合改革：以产权改革为核心

20世纪80年代，顺德有效地抓住广东先行一步的历史机遇和毗邻港澳的地理优势，实行"三个为主"（以集体经济为主、以工业为主和以大型骨干企业为主）的经济发展战略，充分发挥集体经济的基础优势，大力发展乡镇企业，开始了轰轰烈烈的工业化进程，走出了一条具有顺德特色的经济发展道路，[1] 创造了经济发展

---

[1] 参见张元元、朱卫平《顺德市企业产权制度改革的启示与思考》，载《南方金融》1995年第9期。

的"顺德模式"。通过十年多的快速发展，顺德实现了年均40%的经济增长速度，为顺德城市工业化奠定了基础。然而，在经济发展取得巨大进步的同时，集体企业在发展过程中产权不明、公私不分、权责不分的弊端进一步显现，严重制约了经济发展的活力。蓬勃的社会生产力发出了改革的呼唤，改革的突破口指向企业产权。正是为了顺应经济发展的现实需求，顺德以敢为天下先的勇气，于20世纪90年代初开启了以"产权改革"为核心的综合改革。这一波综合改革的特点是政（府）经（济）互动、双面推动。

政府层面：在机构改革中转变政府职能，这是综合改革的支撑点。随着1992年国务院批准顺德撤县改市和顺德被确定为广东省综合改革试验市，顺德抓住这一机遇实施了历时仅10个月零8天的行政机构改革：顺德的行政管理机构由过去的56个缩减为29个，部门内设机构减少了125个，行政机关的工作人员由1200多人减到接近900人，"小政府"的行政管理格局在顺德初步得以形成。这一改革后来被誉为"中国最早的'大部制改革'"。① 政府层面的改革当然不仅是机构改革，更重要的是政府职能转变：从1997年开始，顺德所有政府机关都不再有自己的直属企业，实现了政企分开和政资分离，政府退出了一般竞争性领域。

经济层面：在企业推行产权制度改革，这是综合改革的核心点。1993年，顺德在全国率先启动了产权制度改革，改革的关键举措有二：一是建立以股份制为主要形式的多种经济成分并存的混合所有制经济，以优化产权结构和公有资产结构；二是转换企业机制，创建一个"产权明晰、责任明确、贴身经营、利益共享、风险共担"的企业发展模式。根据"抓住一批，放开一批，发展一批"以及顺德人首创的"靓女先嫁"的改革策略，顺德通过租赁、公开

---

① 参见招汝基等《先行者的30年——追寻中国改革的顺德足迹》，新华出版社2008年版，第107页。

拍卖、产权移交等方式对大批公有制企业进行产权改革。到1998年，1001家市镇两级企业全部成功转制，顺德的产权改革宣告完成。

在顺德综合改革的第一波中，产权之所以成为改革的核心，其原因在于当时产权问题不仅严重制约了顺德的经济增长，而且成为建立市场经济必须首先冲破的制度瓶颈。正是以产权为核心、政（府）经（济）互动为主的综合改革为顺德经济增长奠定了制度基础：一方面，政府职能开始初步转变，政府行为受到一定规范，这为新型政企关系的形成铺平了道路；另一方面，产权明晰的现代企业制度得以建立，这为社会主义市场经济基本体系的确立提供了重要前提。产权改革催生了大批本土资本主导的民营企业，释放出了民营企业巨大的经济增长活力，推动了顺德经济快速增长，促使顺德成为全国县域经济的排头兵和全国县域民营经济最发达的地区之一。

不过，这一波综合改革虽然是政（府）经（济）互动，而且在产权改革上取得了显著成效，但主要属于经济层面的改革，没有更多地触及行政管理体制和公共治理机制的深层问题。更重要的是，随着企业产权改革的完成，在现代企业制度和市场经济体制下运行的现代企业不仅要求政府提供更加优质的公共服务，以适应企业发展的需要，而且要求建立与现代企业制度和市场经济体制相适应的行政管理体制。因此，就理论逻辑而言，20世纪90年代顺德以"产权改革"为核心的综合改革已经为第二波综合改革埋下了伏笔。

（二）第二波综合改革：以治权改革为核心

如果说，第一波综合改革以"产权改革"为核心，那么，在我们看来，始于2009年的第二波综合改革则以"治权改革"① 为核心。就对治权②概念的界定而言，一种初步的简单定义是由政府、社会组织、企业以及公民群体组成的多元公共治理主体协同处理公共事务、提供公共物品和公共服务的权力，也就是公共治理权力。因此，所谓"治权改革"是指围绕公共治理权力的结构关系而进行的改革，在当代中国的语境中，尤其是针对作为公共治理主体的政府而进行的旨在理顺政府、市场、社会、公民关系的改革。

从顺德改革的历史轨迹来看，从产权改革到治权改革有其演进的内在理论逻辑。这一逻辑体现为两个方面：一方面，适应市场经济体制建立而进行的产权改革带来了现代企业制度，而市场经济和现代企业制度要求理顺、重构政府与企业的关系；另一方面，随着市场化改革的深入，从市场体制推进到市场社会，重塑市场的社会基础，③ 形成市场经济与社会建设良性互动的格局也是市场经济发展的必然要求，这就不可避免地要求摆正政府与社会的关系，以激发社会的活力。显然，产权改革从两个方面蕴含着治权改革的内在逻辑。

就顺德改革的实践而言，从产权改革到治权改革具有极为深刻的现实根源。具体来说，这一现实根源在于，顺德公共治理中的治权结构关系难以适应经济—社会发展的转型。一方面，顺德已经进入经济和社会发展的转型期：在经济发展上，由于顺德主要依赖的"制造业仍处于全球产业链的中低端位置，产业结构不够协调，自主创新能力不强，资源环境压力较大……"④，顺德经济的可持续

---

① "治权改革"这一概念来自时任中共顺德区委副秘书长李允冠在一次会议上的发言。笔者曾就如何界定这一概念在顺德与他进行了讨论。特此致谢。
② 孙中山在"权能分治"理论中将国家的政治权力划分为"政权"与"治权"。
③ 参见周文、赵方《改革的逻辑：从市场体制到市场社会》，载《教学与研究》2013年第5期。
④ 林元和：《在佛山市顺德区开展综合改革试验工作动员大会上的讲话》，见《顺德"大部制"改革——顺德区综合改革试验重要文献选编（一）》（内部资料）。

发展受到国际环境、能源资源、生态环境、土地开发、人口结构、利益诉求等因素的严重制约，迫切需要通过产业结构的转型升级以实现经济增长方式从外延粗放型向内涵集约型转变，从政府导向型、劳动密集型向市场导向型、技术密集型转变，从投资拉动型、出口带动型向消费推动型、内需驱动型转变；在社会发展上，作为新兴工业化城市，虽然顺德区人均GDP已经超过9万元，达到中等发达地区水平，但整个社会结构在一定程度上仍然处于城乡分割的二元化状态，城乡之间在基础设施建设、居民收入水平、公共服务供给等方面差异显著，顺德正处于从城乡二元化结构向城乡一体化转型的阶段，面临通过统筹城乡发展、缩小收入差距、提升福利水平等实现增长与公平统一的严峻挑战。另一方面，面对经济发展与社会发展双转型的紧迫现实，曾经创造过顺德历史辉煌的地方治理模式暴露出了新的不适应性，亟待再度创新：在治理主体的组织结构上，党政机构的设置依然不够合理，机构分设过细，多头管理，缺乏协调；在治理主体的纵向关系上，区—镇（街道）关系中"有权无责""有责无权"的矛盾比较突出，镇（街道）政府缺乏相应的自主权，执行力和管理效能大打折扣；在运行机制上，决策、执行、监督之间没有分工运行、相互制约，而激励、考核、问责之间又缺乏环环相扣的运作流程，尤其是政府职能转变尚不到位，政府职能越位、错位和缺位的问题依然突出，政府在很大程度上继续扮演着全能型政府的角色，不仅越位介入市场自主和社会自治领域，抑制了市场机制的功能和社会自治的活力，而且将公共资金、人力资源、领导精力大量投入容易展现业绩的经济发展、城市建设等领域，却在公共服务、市场监管以及社会管理等应尽的责任方面严重缺位。

总之，这种与市场经济发展不适应、不匹配的治权结构关系难以支撑顺德经济社会新一轮的转型升级，顺德经济与社会发展的转型要求变革治理主体、理顺治理关系、创新治理格局。正是在此背景下，继 20 世纪 90 年代的第一波综合改革之后，顺德于 2009 年再一次启动了第二波综合改革实践。

二、动力机制：从上下驱动到内部激活

就改革的动力机制而言，目前中国地方政府改革主要有两种模式。第一种是自上而下推进的改革模式：上级党政系统通过确定改革目标、制订改革方案对下级政府进行改革。这是上级党政系统主导的改革，改革的驱动力主要来自上级党政系统。第二种是自下而上启动的改革模式：地方党政系统根据发展过程中所面临的实际问题进行改革。这是地方主动进行的改革，改革的驱动力往往来自当地经济和社会发展的压力。2009 年启动的顺德综合改革则提供了第三种范例，其改革的驱动力既来自上级党政系统，也来自地方经济社会发展的压力，最终来自上下两个方向的驱动力激发了顺德党政系统改革的热情和决心。简言之，顺德新一波综合改革的动力机制可以概括为"上下联动，内部激活"。

（一）来自广东省的驱动

改革开放近 40 年，政府主导和外部导向相结合的经济发展模式推动了广东经济的快速发展。然而，广东经济发展是建基在以低端加工制造业为主、自主创新不足、资源消耗较大的粗放型经济之上的。此外，在经济取得巨大发展成就的同时，政府、市场与社会

之间的不均衡性日益突出，这些因素严重制约着广东经济社会的进一步发展。如何走出经济社会转型之痛关涉广东下一步经济社会的健康发展。

为此，中共广东省委、省政府以经济社会转型倒逼行政管理体制改革，以突破经济社会转型的体制瓶颈。2009年，中共广东省委、省政府以国务院启动的第六次行政体制改革为契机，根据广东实际情况，选择广州、深圳、珠海、顺德作为试点，承担全省深化县级体制改革、推进科学发展、建设服务型政府的重任。在此背景下，顺德再次成为广东推进改革的"试验田"。中共广东省委、省政府主要以政治激励和解决改革壁垒两个手段支持顺德进行改革。

首先，为了调动改革主体改革的积极性和主动性，中共广东省委、省政府给予改革主体一些优惠政策以激励其改革的劲头。作为权力底层的区级政府，在改革的过程中难免会面临各种各样的制度和体制瓶颈，中共广东省委、省政府采取了有效方式激励改革主体大胆尝试改革、推进改革。为了支持顺德进行改革，中共广东省委、省政府赋予其地级市管理权限，根据粤委〔2009〕35号的相关规定，"除党委、纪委、监察、法院、检察院及需要全市统一协调管理的事务外，其他所有经济、社会、文化等方面的事务，赋予顺德区行使地级市管理权限"[①]。此外，广东省各相关部门以职责分工为原则，积极支持顺德区开展综合改革试验工作。例如，在中共广东省委、省政府制定出台有关改革措施时，优先考虑将一些顺德已具备相应基础和改革条件的改革方案放在顺德区先行先试。

其次，在改革实施的过程中，中共广东省委、省政府不仅通过下放权力支持顺德推行综合改革，而且以相关政策及配套政策的跟进为顺德综合改革扫除了障碍。例如，时任中共广东省委书记汪洋

---

① 《中共广东省委、广东省人民政府关于佛山市顺德区开展综合改革试验工作的批复》，粤委〔2009〕35号。

在调研时强调:"对顺德提出的需要省里进一步支持解决的事项,涉及省里审批的尽量给予批准,鼓励他们先行先试。……省里虽然没有权限,但实施新的细则不影响履职的,那么省里担当责任,同意你们先行先试;影响履职、影响放权效果的,省里协助向中央报告争取。"① 因而,正是中共广东省委、省政府的积极支持构成了顺德推动综合改革的巨大驱动力。

(二)基层社会的推动

20世纪90年代产权改革之后,顺德经济持续快速发展。然而,率先经济发展则率先遭遇制约经济社会发展的深层次矛盾。随着经济社会的持续转型,政府社会管理手段滞后明显,政府、社会及市场关系呈现出不均衡性。民众多元化利益诉求、企业家的先进理念要求政府谋求新突破,对顺德政府改革赋予较高的期待。

首先,从企业发展来看,顺德企业以"本土企业"为主,具有浓烈的乡土情怀和与生俱来的归属感。顺德企业虽早已扬名海外,但他们还是生活在顺德。这些兼具"草根精神"与"现代精神"的企业会以比较开阔的国际视野和更高的标准来要求政府为其提供更优质的服务。某种意义上,顺德改革最主要的动力是企业家,他们是市场竞争(甚至是国际市场竞争)中的精英。一位官员说:"……企业家给你的压力,他们就会说,'你们顺德(政府)改革怎么这么慢,批个项目那么慢'。这些压力会很大的。我们不去改革不行。"② 此外,顺德官员与企业家具有较好的互动关系。企业家们会经常向政府反映一些问题。"……他们会提出很多的要求

---

① 汪洋:《在听取顺德区近期改革进展及下一步工作情况汇报时的讲话》(录音整理),见《改革印记——顺德综合改革资料选编(二)》(内部资料),第20页。
② 顺德官员访谈材料(录音整理),2013年5月16日。

的,说你解决不了人才的安居问题啊,留不住人才啊,行政审批要很多天才能解决问题。……你这个地方没有文化,留不住我的人才。"① 企业家精神与企业发展需求对顺德进行综合改革具有很大的驱动作用。

其次,从民众需求来看,20世纪90年代产权改革后,顺德经济社会取得了长足发展。2007年,顺德居民人均GDP已经超过9300美元,达到中等发达国家水平。然而,随着顺德经济持续快速增长、居民的收入水平的不断提高,顺德居民对政府更好地提供公共服务、实现社会公平等的期待日益提高,给顺德政府带来了新的压力。此外,随着单位制的解体,社区居民对公共服务的需求日益多元化,政府的传统社会管理手段难以适应新时期经济社会的发展需求。因此,顺德民众也是推动顺德综合改革的中坚力量,正是这种社会倒逼机制推动了顺德综合改革顺利进行。

(三) 地方政府改革的主动性

虽然上级政府和基层社会对地方政府的改革给予支持与推动,但在许多情况下,下级政府往往会根据自身利益采取消极抵抗的方式变相地抵制改革,从而使改革无法深入推进,以致得不到预期的改革效果。然而,顺德区委、区政府并没有根据自身利益的考量而抵制改革,而是以积极的姿态配合广东省综合试验改革试点工作,从而使顺德综合改革能够起到较明显的效果。因此,主动性和积极性是推动顺德进行综合改革的重要力量。

首先,顺德政府主动抓住改革的机遇,努力解决自身面临的困境。改革开放以来,随着经济社会的持续发展,顺德取得了骄人的发展成就,但率先发展遇到了传统发展模式的挑战。正是在这一背

---

① 顺德官员访谈材料(录音整理),2013年5月16日。

景下,顺德主动抓住改革机遇,将上级政府要求改革的任务作为政策窗口,充分利用上级政府的支持来做好改革工作,而不是应付了事。在改革的过程中,"顺德区积极主动向上级党委、政府和有关部门汇报,省有关部门和佛山市主动协调,并积极向国家有关部门汇报沟通,争取支持,形成上下联动、协调推动的良好工作格局"①。此外,顺德承担过广东省地方政府综合改革多项改革实践,发展能力最强,实现科学发展的影响力和说服力最大。② 因而,顺德政府具有以解决发展困境为目标的自我改革的魄力。

其次,顺德官员具有较强的学习能力。由于顺德靠近港澳,他们一直把香港的社会治理模式作为借鉴的样本来思考顺德综合改革的过程。"我们(顺德)比较早地去跟新加坡、中国香港、中国台湾等先进地区学习……90 年代以后(包括现在),我们每年派出大批的干部去学习。虽说成效不大,但是总会'偷'到点东西。……我们引进的团队,基本上都来自港澳那边。"③ 此外,顺德官员具有比较开放的心态,具有强烈的改革积极性和"思考癖"。他们喜欢跟媒体、专家、学者等学习与交流,为顺德综合改革的推进奠定智力基础。总之,顺德综合改革得以稳步推进与顺德官员的主动性、学习精神是分不开的,这是顺德综合改革稳健推进的重要保障。

---

① 汪洋:《在佛山市顺德区开展深入学习实践科学发展观活动座谈会上的讲话》(录音整理),见《顺德"大部制"改革——顺德区综合改革试验重要文献选编(一)》(内部资料)。
② 参见汪洋《在佛山市顺德区开展深入学习实践科学发展观活动座谈会上的讲话》(录音整理),见《顺德"大部制"改革——顺德区综合改革试验重要文献选编(一)》(内部资料)。
③ 顺德官员访谈材料(录音整理),2013 年 5 月 16 日。

三、改革线路：从变革治理主体到理顺治理关系

如果说，透过从产权改革到治权改革的历史演进，我们可以发现新一波综合改革兴起的理论逻辑和现实根源，那么，逐一梳理顺德第二波综合改革的具体举措将有助于把握这一改革实践的整体画面。为此，我们勾画了一个顺德综合改革基本框架图（见图3-1），以展示其改革实践的基本图景。

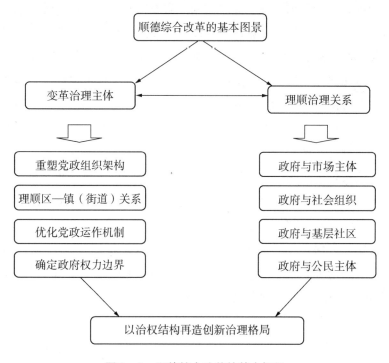

图3-1 顺德综合改革的基本框架

（一）变革治理主体：组织重塑、机制优化与权力划界

根据中共广东省委、省政府"地方政府综合改革"试点的安排，顺德于2009年9月与11月分别启动了"大部制"改革和"简政强镇"事权改革；在此两大改革的基础上，2011年8月，顺德开始进行行政审批制度改革。这三大改革集中指向党政权力系统，旨在重构党政组织的横向架构、理顺区—镇（街道）的纵向关系、优化内部权力运作机制、划定政府外部权力范围边界，以搭建起一个全新的党政治理主体系统。

1. 重塑党政组织架构：以"大部制改革"为抓手

按照"同类项合并、党政联动、扁平化管理、权力重构、区镇同步"的改革宗旨，顺德区将职能相近或相同的党委部门、政府机构及群团组织整合为一个较大的职能部门。顺德区通过对41个党政部门和部分双管单位的全面梳理和功能重构，初步组建成"宽职能、少机构"的16个大部门体制，职能部门减少了2/3，各大部门的行政首长均由区领导直接兼任，压缩管理层级，实现工作扁平化。通过大部制改革，党政权力在机关内部得到了重新配置：一方面，党政各职能部门实行党政机构合署办公，这不仅强化了执政党的领导地位，而且有助于党政部门之间一体作业、高效运作；另一方面，在行政管理上，搭建起大规划、大经济、大建设、大监管、大文化、大保障的组织架构，解决了过去部门分设过细、职能重叠、多头管理等问题，提升了行政管理的专业化水平，初步建立起一个分工有序、整体配合的组织架构。

2. 理顺区与镇（街道）关系：以"简政强镇"改革为切入点

顺德"要做好综改工作，推进顺德经济社会发展，最基层单位街道的改革也是重点，否则我们的改革就不彻底"①。为了理顺区政府与镇（街道）的事权关系，2009 年 11 月，顺德区向容桂街道下放 316 项管理权限，正式启动了"简政强镇"事权改革的试点工作。2010 年 7 月，在总结容桂街道"简政强镇"事权改革试点经验的基础上，按照"宏观决策权上移、微观管理权下移"的原则，顺德全面推进"简政强镇"事权改革，首先划分区与镇（街道）各自的职责权限：区级主要负责宏观层面的发展规划、政策制定和实施以及统筹重点区域和项目发展等，镇级则主要负责微观层面的管理和服务，职责集中在面向社区、企业和群众的市场监管、公共服务和社会管理等方面。在划分区与镇（街道）职责权限的基础上，顺德区于 2010 年 9 月正式把 3197 项行政管理事权下放给镇（街道）行使，并且赋予容桂、大良、乐从等 10 个特大镇（街道）部分县一级管理权限。实践表明，在划分区与镇（街道）各自权限基础上的放权改革增强了镇（街道）对经济社会事务的管理能力，使各镇（街道）在产业发展、城市建设、社会管理、市场监管和公共服务等方面具有更大的管理自主权，激发了基层政府的创新活力。

3. 优化党政运作机制：以建构"决策—执行—监督"运作机制为目标

在变革治理主体的过程中，顺德不仅重构了其各职能部门的组

---

① 刘海：《在顺德区容桂街道"简政强镇"事权改革试点工作动员大会上的讲话》（录音整理），见《顺德"大部制"改革——顺德区综合改革试验重要文献选编（一）》（内部资料）。

织架构，而且优化了其内部的运作机制。按照决策、执行、监督既相互分离又相互协调的原则，顺德建立了一个决策上移、执行下移、综合监督的既相互制约又相对分离的政府运作机制。首先，决策权上移。由顺德区委、区政府负责全区范围内的重大决策和综合性政策的制定，区属各大部门则负责专业性政策以及工作标准流程的制定。与此相应，顺德建立了区委核心领导、党政集体决策、协调分工的领导和决策体制，全局性重大决策由"四位一体"（党委、人大、政府、政协）的区联席会议负责，使决策工作实现了规范化、专业化、系统化。其次，执行权下移。区属部门逐步将具体管理服务事务下放给镇（街道）、事业单位、法定机构，外移给社会组织，构建多元、专业、高效的执行主体。最后，综合监督。在整合纪检监督资源的基础上，区纪检监察部门向各大职能部门派驻纪检监察小组或专职监察人员，以常规纪检监督搭建综合监督的第一环；通过完善人大、政协、民主党派的监督机制，构筑综合监督的第二环；发挥决咨委、新闻媒体等的监督作用，同时稳步有序地推动社会监督，由此形成综合监督的第三环。

4. 确定政府权力边界：以行政审批制度改革为突破口

在变革治理主体层面，如果说"大部制改革""简政强镇"事权改革主要着眼于治理主体内部组织机构的重组、运作机制的优化，那么，行政审批制度改革则成为划分政府、市场、社会三者之间权力边界的突破口。这不仅意味着改革开始从党政治理主体内部向涉及市场、社会关系的外部扩展、延伸，更重要的是，它标志着权力部门的自我革命：这种自我革命直接针对政府的行政审批权。顺德的行政审批制度改革从四个方面体现了这种自我革命。一是"削权"。在细致地清理全区审批事项的基础上，顺德区政府坚决取消一批审批事项并立即停止审批行为。据统计，截至 2012 年 11 月，顺德区共梳理出各类行政事项 1567 项，向省申请取消或优化

548 项行政审批事项①，全区审批事项减少 30% 以上②。二是"放权"。顺德将区级部门涉及民生的大部分审批事项下放到镇（街道）一级，2009 年 12 月，顺德将第一批区级行政审批权、日常管理权限共 316 项下放到各镇（街道）。截至 2010 年 9 月，顺德正式把 3500 多项行政管理权限下放给镇（街道），以增强各镇（街道）的基础性权力。三是"还权"。顺德区通过制定向社会转移服务与管理事项的目录，创造条件依法将行业管理与协调、社会微观事务服务与管理、技术与市场服务等功能转移给具有资质条件的社会组织。四是"限权"。顺德区采取各种措施对保留的审批权进行限制和规范，例如，优化审批流程以压缩审批的时限、层级、环节等，依据法律和实际操作编制审批权行使的作业标准，设立综合审批窗口以实行集中化审批，建立覆盖区、镇（街道）、村三级一体化的通用审批系统及实时电子检察系统等。③ 这些举措不仅促进了审批的高效化、标准化、集中化、信息化，④ 而且从审批流程、审批标准、审批场所、审批技术等多个具体环节限制了审批权的寻租空间。

（二）理顺治理关系：治权结构再造

变革治理主体只是顺德综合改革的第一步。顺德"必须利用大部制的基础，持续推进综合配套改革，将改革由体制内延伸到体制

---

① 参见顺德区社会工作委员会《顺德综合改革 30》（内部资料）。
② 参见尹冀鲲《顺德行政审批权大剥离 政府部门设行政审批科》，载《南方都市报》2011 年 8 月 23 日。
③ 2012 年 7 月，顺德区正式启用了广东省唯一的县区级网上审批服务大厅，整合了各级各部门 70 多个网上办事点，实现了前台网上审批大厅和后台一体化审批系统无缝对接，为市民提供一站式的网上审批服务。目前，网上审批服务大厅已实现 52% 的审批事项和 40% 的审批业务网上直接办理。
④ 参见顺德区社会工作委员会《顺德综合改革 30》（内部资料）。

外,才能真正转变政府职能,解决深层次问题"①。如果说改革行政审批制度是将改革由体制内向体制外延伸的突破口,是厘清政府与市场、社会之间关系的出发点,那么,在以下四个层面上理顺治理关系则直接导向治权结构的再造。

1. 理顺政府与市场主体关系:以商事制度改革激发企业自主创新

如上所述,顺德新一波综合改革的现实背景在于适应经济发展的转型升级,尤其是适应产业的转型升级。产业的转型升级离不开新的富有自主创新性和竞争力的企业进入市场。正是为了解决企业准入过程中面临的程序烦琐、门槛较高等问题,在行政审批制度改革的基础上,顺德于2012年4月开始进行"商事登记制度改革"。这是旨在激发市场活力、优化营商环境、既与国际接轨又与市场经济发展要求相适应的一项改革。具体地说,顺德的商事登记制度改革是对企业登记审批和监管采取"三分离、三构建"的方式:"三分离"是指营业执照和经营许可、资格登记和住所审批、资本认缴登记和实收备案相对分离,"三构建"则是指构建商事主体登记许可及信用信息公示体系、并联审批体系和一体化审批体系、"宽进严管"的审批与监管相对统一体系。通过商事登记制度改革,顺德政府压减了审批事项,简化了审批手续,放宽了市场准入管制,降低了企业市场准入门槛。在此条件下,内资企业登记最快现场即可办理经营许可证,大大激发了企业活力和大众投资创业的热情,有助于提升顺德经济发展的核心竞争力。截至2013年1月,顺德商事登记制度改革受理范围从有限公司扩展到除股份有限公司、外资及台港澳工商户以外的企业和个体工商户。

---

① 梁维东:《简政放权、协同共治》(讲话稿),见《改革印记——顺德综合改革资料选编(二)》(内部资料)。

2. 理顺政府与社会主体关系：让社会组织与政府和谐共存、良性互动

如果说，顺德经济转型要求理顺政府与市场主体的关系，其焦点是限制和规范政府（审批）权力、激发企业的自主创新性，那么，顺德社会转型需要理顺政府与社会主体关系，其关键则是政府如何面对转型社会中不断涌现的各种社会组织。一方面，随着公民权利意识的觉醒，公民获得宪法所赋予的公民结社权的愿望日趋强烈，公民借助社会组织参与公共事务治理的诉求也不断提出，因而涌现出的社会组织对政府的社会管理构成了从未有过的挑战；另一方面，把因传统单位制度解体而处于原子化的大量个体公民纳入社会组织之中，使他们在社会组织中既能获得权益保障，又能有序地参与公共事务治理，同时，把部分公共事务转移给各类社会组织，让它们参与公共事务的供给，从而推动全能型政府向有限政府的转型，这是社会组织给主导公共治理的政府提供的机遇。面对社会组织带来的挑战和机遇，顺德以积极主动的改革姿态，抓住历史机遇，多管齐下，回应挑战。

（1）降低社会组织的成立门槛。顺德打破以往对社会组织实行的"双重管理"（既要到民政部门登记还要挂靠业务主管部门）格局，推行社会组织直接登记制度：除确有规定必须由政府部门实施前置审批的民办教育机构和医疗机构外，其他社会组织都可直接向登记管理机构申请登记。

（2）大力扶持社会组织成长。顺德政府出台多份配套文件，在登记、资金、项目、场地和服务等方面加大对社会组织、行业商会的扶持力度，促进各类社会组织逐步成长。正是在政府大力支持下，自2009年以来，顺德地区社会组织迅猛增长（见图3-2）。

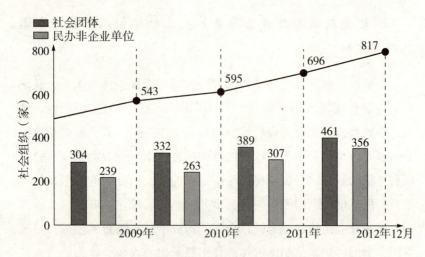

图3-2 2009年以来社会组织增长情况

资料来源：顺德综合改革内部资料。

（3）实行社会组织的分类评估制度。顺德通过作为"第三方"的专业评估机构对社会组织的运作规范、服务效果等进行评估，以提高社会组织的品质和社会服务的水平。按照相关评估制度的规定，社会组织必须达到3A以上等级，才有资质参与政府购买服务和承接政府职能转移。这样一来，政府也在专业的社会评估中实现了政府对社会组织的监管。

（4）发挥传统群团组织的枢纽作用。顺德拓宽群团组织的社会职能，不仅强化区总工会、团委、妇联、工商联和残联五大传统群团组织在培育社会组织成长中的引领功能，而且推动它们采取各种措施把群团组织的社会服务直接延伸到基层。

（5）向社会组织购买公共服务。顺德政府采取公开招标、项目发包、项目申请、委托管理等多种方式向社会组织购买公共服务，不仅向社会转移了部分公共服务事务，而且激发了社会组织参与公共服务供给的热情。

3. 理顺政府与村（居）关系：在"政社分离"中平衡行政管理与基层自治

长期以来，在法规上被定位为群众自治组织的村（居）委会承担了政府在基层大量的行政管理职能，行政化趋向严重，以致学界将其称为"政府的一条腿"或"小政府"。[①] 村（居）委会行政化不仅丧失了自身的自治功能，而且也扭曲了政府与村（居）的关系。因此，所谓理顺政府与村（居）关系的实质是摆正政府与村（居）委会的关系，即在区分政府行政管理与村（居）自治各自范围的基础上，让政府管理与基层自治分头作业，以实现二者的有效衔接与良性互动。为了实现这一目标，顺德各镇（街道）按照"政社分离"的原则，把基层事务中的行政事务和自治事务区分开来，并划归不同的主体：全区镇（街道）在村（居）设立行政服务中心，作为镇（街道）在村（居）的政府管理点和便民服务平台，承担原来由政府下派给村（居）委会的各项行政事务，以确保政府的行政管理、公共服务延伸到村（居）民群体；村（居）委会承担自治事务，依法履行自治范围内的职责，办理村（居）的公共事务和公益事业，发挥自治功能。截至 2012 年 12 月，顺德区 201 个村（居）全部建立了行政服务站，初步在全区实现了"政社分离"。此外，为了实现基层社会善治，2011 年 9 月，顺德启动了基层治理体制改革，创新基层管理模式，建立村（居）党组织、村（居）委会和其他各类组织多方参与的社区建设和管理机制，推动基层事务的共建共治。

[①] 参见桂勇、崔之余《行政化进程中的城市居委会体制变迁——对上海的个案研究》，载《华中理工大学学报（社会科学版）》2000 年第 3 期。

4. 理顺政府与公民关系：以公民有序参与为主要形式

随着顺德经济的市场化和社会的多元化，一方面，公民的参与意识逐渐增强，他们不仅有参与政府制定公共政策过程的意愿和诉求，而且日渐要求在政府如何支出公共财政问题上行使知情权、表达权和监督权；另一方面，在经济和社会双转型中，政府承担的公共事务越来越繁重，同时也逐渐感受到民众要求合理分配有限财政资源带来的巨大压力，前者对政府决策的民主化、科学化提出了更高的要求，后者则意味着政府的财政预算公开透明乃大势所趋。所有这一切都指向一个不可回避的问题：如何调整政府与公民的关系？顺德的选择是扩大公民有序参与，其具体举措主要有两点。

一是成立公共决策和事务咨询委员会。2010年1月，顺德容桂街道率先成立了顺德地区首个公共决策和事务咨询委员会。同年9月，顺德区"公共决策和事务咨询委员会"成立。截至2012年11月，顺德共有各类决策咨询机构37个，其中区级4个、区属部门11个、镇（街道）成立10个、其他机构成立12个，初步建构起以区、镇（街道）两级为主体并向村（居）和公营机构延伸的多层次的决策咨询体系。① 这种决策咨询体系成为连接公民与党政治理主体之间的桥梁：包括精英人士和基层群众的公民参与决咨委的各种决策咨询活动，不仅在表达各自的利益诉求、价值偏好中为公共决策增添了民主化的元素，而且通过提供各种政策信息，贡献各种政策思路、方案，强化了公共决策的理性化程度。

二是推行参与式预算。2012年7月，顺德率先在全省启动参与式预算。根据《顺德区参与式预算试点工作方案》的规定，顺德区财税局向公众发布试点项目概况和试点项目、代表委员会产生方式等内容，然后从人大代表、政协委员、专家、行业代表、社区群众

---

① 参见顺德区社会工作委员会《顺德综合改革30》（内部资料），第90页。

中选出不超过15名代表组成试点项目代表委员会,并在代表委员会成立后的3个工作日内组织全体委员代表对试点项目进行询问和讨论,就是否同意项目立项及项目经费安排提出意见及建议。① 参与式预算为公民直接参与财政资源的分配提供了切实的制度保障和进入途径:通过参与式预算,公民不仅可以就"能否立项、经费如何用、项目是否执行到位"等问题发表自己的意见,而且在一定程度上可以决定各种社会政策实施的优先顺序,促使政府相关部门更加关注居民的需求,将有限的财政资源更多地用于惠民项目,由此强化了民众对政府财政支出的监督。

总之,在新一轮的综合改革中,顺德从变革治理主体出发,逐步理顺上述四重治理关系(党政治理主体与市场主体、社会主体、社区组织和公民之间的关系),不仅在优化党政系统的内部结构和运作机制中确保了党委领导,提高了政府绩效,而且通过划定政府、市场与社会之间的权力边界,增强了企业的自主创新能力,强化了社会自治功能,拓宽了公民的参与渠道,并由此形成了一种被顺德改革者概括为"党委领导、政府负责、社会协同、公众参与"的地方治理新格局。

---

① 参见顺德区社会工作委员会《顺德综合改革30》(内部资料),第68页。

四、治理创新：四个维度的解释与评判

如上所述，顺德新一波综合改革带来了地方治理格局的创新。现在的问题是，如何解释和评价这一改革实践及其创新？我们将从创新实质、历史定位、实践价值及改革限度四个层面对此进行分析。

（一）创新实质：治权结构的有限重构

如上所述，顺德新一波综合改革创新了地方治理格局，不过，"党委领导、政府负责、社会协同、公众参与"的概括还不足以充分展示这一治理新格局的真实画面。考虑到新一波综合改革所调整的治理关系中，政府与市场的关系占有重要地位，因此，这一新型治理格局的总体框架是，一方面，政党执掌政权、党政主导治权，这是新型治理格局中的核心部分；另一方面，在市场领域中更加具有自主创新的企业和在社会领域中日趋活跃的社会组织以及权利意识开始觉醒的公民已经成为新型治理格局中不可或缺的重要元素。现在需要解释的问题是，作为治理格局创新，这一创新的实质究竟是什么？

我们的解释是，这一治理格局创新的实质是治权结构重构，更准确地说，这是治权结构的有限重构。就理论而言，所谓治权结构的有限重构包括三层含义：一是创新性的变化只涉及治权结

构，不触及政权结构，因此，新一波综合改革创新没有明显的政治意蕴，与政治改革相去甚远。二是治权结构重构具体表现为一种与传统体制不同的治权结构形式，即一元（党政统治）与多元（协同治理）的并存结构开始出现。这意味着在传统体制下，无论是政权结构，还是治权结构，都是党政一元统领。而在新的治理格局下，随着四重治理关系［政府与市场、党政与社会、公民、村（居）］进一步的调整，虽然一元结构依然如故，但社会组织和公民不仅在治权结构中获得重要的一席之地，而且开始在公共事务的治理中发挥不可或缺的作用。三是治权结构的重构有其限度，这不仅意味着它不以政权结构的改革为基础，而且在法治元素匮乏的条件下，一元（党政统治）与多元（协同治理）的并存结构既是非对称的，也是脆弱的。

（二）历史定位：在产权改革与政权改革之间

如果说，从理论分析看，顺德新一波综合改革带来的地方治理格局的创新的实质是治权结构的再造，那么，就历史定位而言，这是一场介于产权（经济）改革和政权（政治）改革之间的具有承上启下功能的混合型改革。

就承接改革的历史而言，治权改革是对产权改革的逻辑延伸。如上所言，顺德于1992年开展的第一波综合改革是以产权改革为核心，而企业产权制度改革的实质是"变革原公有企业的所有权主体结构"[①]。正是随着公有制企业所有权主体结构的变革，混合经济形态得以形成，顺德的经济结构开始多元化。在经济结构多元化的基础上，不仅社会结构逐步多元化，而且社会利益主体、民众需

---

① 刘世定：《顺德市企业资产所有权主体结构的变革》，载《改革》1995年第6期。

求结构日渐多元化、复杂化。2009年启动的第二波综合改革以治权改革为核心，通过治权结构的再造，以及治权结构的有限多元化，不仅在一定程度上回应了当前顺德社会结构、利益结构多元化的现实状况，而且延续了第一波综合改革，因而是对第一波综合改革的继承、发展和深化。

从启动未来的改革来看，治权改革将为政权（政治）改革奠定基础。第二波综合改革以治权改革为核心，它不是经济改革，更不能归结为政治改革，也不是单纯的社会改革或行政改革，而是一场有可能为政权（政治）改革积累前提的混合型改革。

首先，这场改革直面经济领域中的行政审批权，通过约束和规范行政审批权，推动商事登记制度改革，不仅激发了企业创新力，为经济转型升级提供了良好的制度环境，更重要的是调整了政府与市场、政府与企业的关系，这无疑有助于建立一个在法治规范而非政府主导下的市场经济以及良好的政商关系，显然，这是避免劣质民主的重要前提。

其次，虽然这场改革的主战场在社会领域，但对未来政治改革至少具有两个方面的积极意义：一方面，随着社会组织成立门槛的降低，公民有机会参加各种不同的社会组织，这不仅让公民在一定程度上实现了法律赋予的公民结社权、参与权，培养了公民的公共精神、社会责任意识，而且使公民走出了单位体制解体后原子化的分散状态，从而能在组织化的轨道中有序参与公共事务；另一方面，通过社会管理体制的改革、创新，政府不仅给社会组织和基层群众自治让出了一定的社会空间，激发了社会的自主性、参与性，而且依靠向社会组织转移职能、购买公共服务，政府在限制自身权力的同时也在提升其提供公共物品和公共服务的能力。前者是公民组织化的有序参与，后者是有限政府和有效政府的建立，这些都将为未来政治改革的启动、民主化的有序推进创造重要的前提条件。

最后，这场改革也在一定意义上涉及政治改革的某些方面，例如，决咨委的成立和参与式预算的推进就是公民民主参与的体现，而成立党员代表工作室、实行党代会常任制等则是推动执政党基层民主实践的重要尝试，它们都将为未来政治改革积累某种经验。

总之，从改革的历史和未来来看，顺德第二波综合改革上接20世纪90年代的产权（经济）改革，下接未来的政权（政治）改革，它具有承上启下的过渡性、衔接性的意义。

（三）实践价值：从顺德、广东到中国

顺德新一波综合改革目前仍在进行之中，其长远的实践价值显然有待于进一步观察。不过，根据已有的实践发展，我们尝试从三个维度来概括其实践价值。

1. 为顺德实现经济社会转型扫除体制障碍

新一波综合改革通过重构治权结构创新治理格局，为顺德实现经济社会转型铺平了道路：一方面，从经济转型来看，新一波综合改革通过行政审批制度改革和商事登记制度改革，进一步限制了政府行为对市场经济的干预，激发了企业的自主创新能力，为顺德实现经济转型升级扫除了体制性的障碍；另一方面，就社会转型而言，新一波综合改革通过社会管理体制改革，激发社会活力，扩大社会参与，增强社会的自治功能，构建党委领导、政府负责、社会协同、公众参与的社会治理格局，为顺德实现统筹城乡发展、缩小收入差距、提升福利水平以及公共服务均等化提供了体制性的条件。

2. 为广东深化改革提供示范样本

改革开放近40年来，广东依靠"双重主导的经济发展方式"

（政府主导的市场经济和外部要素主导的外向型经济）①，在经济发展上取得了巨大成就，但却面临着表层和深层的严重挑战：表层的挑战主要是经济增长方式的转变以及如何在公平与效率之间寻求平衡（尤其是如何在继续保持经济增长的同时逐步消除广东内部的城乡差别、区域差别和贫富差别），深层的挑战在于如何建立适应现代市场经济的制度框架，在市场、社会与国家已经初步分离的状态下形成三者之间的良性互动格局。② 广东面临的这些挑战在顺德同样存在：在一定意义上，顺德是广东的缩影，它所面临的发展和转型的难题不是孤立的，而是全省各个地区普遍面临的难题的集中体现。因此，如同当年的产权改革一样，顺德新一波综合改革以治权改革为核心，承担着破解广东经济社会发展和转型之困的重要使命，它将为广东深化改革（包括深化县/区体制改革）、建构适应现代市场经济的制度框架、实现地方治理转型提供经验借鉴和示范样本。

3. 为中国推进改革探路

从基层政权建设来看，顺德新一波综合改革为中国地方政府走出经营型政权、维控型政权的双重陷阱寻找改革出路。改革开放以来，地方政府在充当发展地方经济主力军的同时③，逐渐演变为具有自主利益的行动主体，具有明显的"自利性"倾向，④ 以致成为

---

① 参见肖滨等《为中国政治转型探路——广东政治发展30年》，广东人民出版社2008年版；肖滨《演变中的广东模式：一个分析框架》，载《公共行政评论》2010年第6期。

② 参见肖滨等《为中国政治转型探路——广东政治发展30年》，广东人民出版社2008年版。

③ 参见 Jean C Oi. Fiscal Reform and the Economic Foundation of Local State Corporatism in China. World Politics, 1992, 45（1）.

④ 参见赵树凯《乡镇治理与政府制度化》，商务印书馆2010年版，第4~5页。

"谋利型政权经营者"①；尤其随着"大兴土木"②成为地方政府经济发展的增长点之后，地方政府更是不惜损害农民利益，与经济集团结成同盟，通过土地征用、开发房地产市场来发展经济，造成地方政府与民众关系的高度紧张，群体性事件层出不穷，而为了维护社会稳定，在"压力型体制"③运作下的地方政府又不得不成为以维护社会稳定为重心的"维控型政权经营者"④。有关经验表明，通过改革来创新地方治理格局，这是推动基层政权走出"谋利型政权"和"维控型政权"的双重陷阱，从而在发展经济、维护稳定、提供公共服务和确保社会公平之间保持平衡的有效选择。从这一角度看，顺德新一波综合改革为基层政权走出上述"双重陷阱"找到了一把钥匙。

就中国改革的线路图而言，顺德新一波综合改革在一定意义上为中国寻找改革线路提供了某种思路。更具体地说，关于中国改革的线路是从经济改革直接走向政治改革，还是在二者之间以社会改革作为中介过渡，⑤这一直是理论界争论不断、悬而未决的问题。顺德的改革者在20世纪90年代产权（经济）改革的基础上，实行以治权为核心的综合改革，在某种程度上探索了一条从产权（经济）改革、治权改革再到政权（政治）改革的改革线路。这既不是顶层设计的改革线路，也非理论家规划的改革线路，而是来自地

---

① 杨善华、苏红：《从"代理型政权经营者"到"谋利型政权经营者"——向市场经济转型背景下的乡镇政权》，载《社会学研究》2002年第1期。

② 周飞舟：《生财有道：土地开发和转让中的政府和农民》，载《社会学研究》2007年第1期；周飞舟：《大兴土木：土地财政与地方政府行为》，载《经济社会体制比较》2010年第3期。

③ 荣敬本等：《从压力型体制向民主合作制的转变——县乡两级政治体制改革》，中央编译出版社1998年版，第28页。

④ 欧阳静：《"维控型"政权：多重结构中的乡镇政权特性》，载《社会》2011年第3期。

⑤ 参见阳敏《中国改革路线之变——郑永年教授专访》，载《南风窗》2007年第24期；郑永年《保卫社会》，浙江出版联合集团、浙江人民出版社2011年版。

方、来自基层改革的实践者探索出来的改革线路。因此,这一改革线路是否可行当然有待未来实践的回答,但探索改革线路的实践价值本身是值得予以充分肯定的。

(四) 改革限度:在结构性约束条件下进行改革

顺德新一波综合改革虽然在一定程度上实现了治权结构的再造,使新型地方治理格局得以初步形成,但是这一改革本身受制于结构性约束条件,故这种改革有其限度。这里简单陈述两点。

其一,中国上级政府对下级政府的考核体系与地方政府改革实践的张力限制了顺德综合改革推进的深度和绩效。在"目标管理责任制"①、政府内部运作的"对上负责"及上下级政府"职责同构"②架构的三重约束条件下,顺德综合改革始终游走在上级政府的支持与考核的张力之间。上级"政府授权的力度还是不够大,上级政府干预过多,指标考核太多,会影响我们改革的效果。最好能变成广东省综合改革试验区,除了坚持党的领导,你(上级政府)不考核我"③。在各种约束条件下,改革者容易陷入上级支持与考核的困境,从而无法深化改革的进程和扩大改革的效果。

其二,顺德综合改革不仅缺乏充分的自主性,而且有一定的孤立性。顺德新一波综合改革的有序推进很大程度得益于中共广东省委、省政府自上而下的大力支持。这种支持不仅有助于为地方政府改革扫清障碍,而且是对改革主体极大的激励。然而,如果这种自上而下的改革驱动不能持续,顺德的综合改革最终难以深入推进。此外,由于顺德所推行的综合改革是在"条块"结构中单独进行

---

① 王汉生、王一鸽:《目标管理责任制:农村基层政权的实践逻辑》,载《社会学研究》2009 年第 2 期。
② 朱光磊、张志红:《"职责同构"批判》,载《北京大学学报》2005 年第 1 期。
③ 顺德官员访谈材料(录音整理),2013 年 5 月 16 日。

的，具有孤军作战的特点，难以获得整个体系系统性和配套性的支持，因而这种改革的孤立性不可避免地在一定程度上制约其改革的全面推进。

不过，尽管因结构性条件的约束，顺德新一波综合改革有其限度，但这一改革确实是中国地方治理改革中一个相对完整、较为系统的典型案例。其改革的经验值得总结，其改革的实践也值得继续观察。

第四章

乡村自治优化：
摸索乡村善治的下围实验[*]

村民自治经过近40年的发展已取得相当程度的成就，但由于在实践中面临着诸多难以化解的问题与矛盾而逐步陷入了困境，其主要体现为民主与治理未能有效连接。为克服民主与治理关系被割裂的难题，学界相继提出了优化民主选举、制度化参与、缩小民主规模的路径，但都存在一些缺陷或不足，有必要另辟蹊径。曾经深陷派系纷争的下围村实施村民代表议事制度后，从"问题村"成为"良治村"的故事是个具有典型意义的案例。其对如何在

---

[*] 本章原文载于《中共浙江省委党校学报》2016年第5期，系笔者与博士研究生方木欢共同撰写，经其同意，收录于本书。此次收录，标题略有改动。

基层自治中搭建民主与治理的桥梁具有重要的启示意义。通过村民代表议事制度实现民主的扩充,将共享、公议、公平、公开、监督与问责六个元素进行有机整合,形成了一个逻辑结构完整、权力运行有序的流程图,从而将民主与治理有效连接起来,使乡村治理逐渐走向了"善治"。

一、文献评论与问题的提出

在我国，村民自治经过30多年的发展，已取得长足的进步。但是，由于中国农村社会正处于急剧变革之中，农村地区的发展显现或潜伏着诸多不确定性，村民自治不断显现新的问题和矛盾，致使村民自治陷入困境。其现象主要表现为，村民选举过程中的黑金化和宗族化，使选举处于低层次、高烈度的常态，利益纠纷引起的派系斗争使村民自治举步维艰，村党支部与村委会各自为政，小村干部大腐败，接连不断的越级上访和群体性事件，等等。通过大量研究，学界认为这一困境的实质是民主与治理未能有效连接：村民自治本来一开始就承载着民主与治理的双重使命，但在实践中由于过度偏重于以选举为中心的民主目标追求，反而降低了治理绩效，造成民主与治理两者的有机联系破裂，村民自治由此逐步陷入困境。

（一）文献评论

学界有不少学者对民主与治理的关系展开研究。贺雪峰总结了学界对村民自治的关注，主要有两种分野，一种是从外部关注村民自治，即集中于村民自治的民主方面；另一种是从内部关注村民自治，即集中于村民自治的治理方面。现实中对村民自治民主方面的关注远远超过对治理方面的关注。① 王金红认为，我国农村实行村民自治制度以来，国内研究村民自治制度问题的学者大多将注意力集中于民主方面，从而忽略村民自治长远的发展目标以及农村的整体发展需要。村民自治制度要发挥它应有的社会绩效，其所蕴含的民主力量必须同专业化组织和科学化手段紧密结合。② 随后，王金红等继续深化这方面的研究，利用"反向民主"的理论框架来反思我国村民自治和基层民主的发展，指出从中国基层民主的发展历程来看，中国农村的村民自治一开始就承载着强烈的治理期待和民主构想双重使命，既要弥补人民公社解体后农村治理机制的缺失，也要肩负让农民当家做主的重任。但在村民自治实践中，我们把重心放在民主选举上，与治理相配套的经济、社会和文化等基础性制度却没有构建起来，结果造成民主的巩固提升同治理的实际绩效相互脱节、互不支持。③

为达到科学认识农村民主治理对村民自治的影响，有些学者对农村民主治理的因素及其制度评估体系进行了量化研究。郭正林提出，乡村治理的制度绩效，不仅需要衡量民主制度的进步，也要衡量和评估这种民主进步所推动的乡村社会全面发展的程度；不仅需要在理论上明确界定"治理"的含义，还要制定一套可操作的评估指标。这个指标体系主要包括经济增长、社会分配、公共参与及社会秩序四个基本方面。④ 肖唐镖等利用2002年、2006年和2011年三波全国农村调查数据资料进行分析，发现民主决策、民主管理、

---

① 参见贺雪峰《论民主化村级治理的村庄基础》，载《社会学研究》2002年第2期。

② 参见王金红《村民自治与广东农村治理模式的发展——珠江三角洲若干经济发达村庄治理模式发展的案例分析》，载《中国农村观察》2004年第1期。

③ 参见蒋达勇、王金红《反向民主对村民自治制度绩效的影响——一个新的理论解释》，载《开放时代》2012年第5期。

④ 参见郭正林《乡村治理及其制度绩效评估：学理性案例分析》，载《华中师范大学学报（人文社会科学版）》2004年第4期。

民主监督等取得了较大的发展,但也存在诸多问题,如村庄"一事一议"的开展力度不大、日常治理过程中乡村关系日益松散等。他们认为,影响基层民主治理及其绩效的因素是多元的,经济发展程度、社会结构、政治基础和区域地理是四类重要的影响因素。①

因此,处理好民主与治理的关系是基层自治有序运转的关键所在,而如何在民主与治理之间搭建桥梁,并以此实现农村"善治"的目标,就显得尤为紧迫和重要。从目前已有的研究文献来看,大致有三种路径。

一是优化选举。自20世纪90年代开始,国内外关于民主选举问题的研究不少。在国内,主要有研究选举经验模式②、选举的法律程序安排③、宗族势力对选举的影响④、选举的非法竞争行为如贿选和暗箱操作等⑤。从这些研究的主题来看,都是试图提出以改善和优化选举为出发点来推动村民自治发展的。特别是在国外,这个时期海外学者也更为着重以改善民主选举来推动乡村治理。柯丹青认为,选举能产生更好的干部,它赋予村民选择干部的权利,依赖这种权利,干部能更合理地运用手中的权力。民主的选举能提升

---

① 参见肖唐镖、孔卫拿《中国农村民主治理状况的变迁及其影响因素——2002—2011年全国村社抽样调查数据的实证分析》,载《经济社会体制比较》2013年第1期。

② 参见景跃进《海选是怎样产生的》,载《开放时代》1999年第3期;辛秋水《"组合竞选制"的发展过程和历史价值》,载《福建论坛(人文社会科学版)》2009年第10期;李秋高《团队竞选制:基层民主实践中新的选举模式》,载《北京理工大学学报(社会科学版)》2012年第4期。

③ 参见王禹《村民选举法律问题研究》,北京大学出版社2002年版;唐鸣《村委会选举法律问题研究》,中国社会科学出版社2004年版;唐鸣等《村委会组织法的修订所取得的进步》,载《社会主义研究》2011年第1期。

④ 参见肖唐镖《从正式治理者到非正式治理者——宗族在乡村治理中的角色变迁》,载《东岳论丛》2008年第5期;肖唐镖《村民选举"宗族势力干扰论"可以休矣》,载《人民论坛》2011年第8期。

⑤ 参见赵爱明、史仕新《村民参与民主选举行为的影响因素探析》,载《经济体制改革》2010年第2期;时晓红、娄兆锋《村级民主选举障碍性因素分析》,载《山东师范大学学报(人文社会科学版)》2010年第6期。

政治过程的透明度,增强干部的责任意识,赋权普通村民掌握干部的政治命运。① 谭青山等认为,中国在村级开展民主是正确的,村民能够了解候选人,并知道公共决策对他们的生活具有最直接的影响,每轮选举在正确的自由选举技术中为教育村民提供了机会。② 同时他也认为,农村选举制度的改革仍然是农村政治发展的重中之重,由村民行使选举权只是基层漫长民主转型时期的开端。③ 甚至有学者在讨论村民自治的未来时,认为应当继续以选举为核心,并使其成为中国政治改革的重要突破口。④ 有学者则研究民主选举对基层民主政治的意义与作用。李连江认为,民主选举的方式有利于提升村民对村干部的信任,并吸纳更多村民参与村庄治理,更可以抑制村干部和地方政府的掠夺性腐败行为。⑤ 可以说,他们都对推动民主选举以实现乡村的民主治理寄予了重托与厚望。

然而,有些学者也开始对民主选举驱动乡村治理的作用进行了反思。胡宗泽认为,以往对村民自治绩效的研究都是失败的,甚至是错误的。因为在所有关于村民自治绩效的研究中,很少有研究去关注村民是如何看待和评价村民自治的。他发现,除那些受过教育或能够影响选举结果的村民认为民主有用外,大多数村民将民主选举视为无用的、无意义的。⑥ 欧博文和韩荣斌认为,村民自治在权

---

① 参见 Daniel Kelliher. The Chinese Debate Over Village Self-government. The China Journal, 1997 (37).

② 参见 Robert A Pastor, Qingshan Tan. The meaning of China's Village Elections. The China Quarterly, 2000 (162).

③ 参见 Qingshan Tan. Building Democratic Infrastructure: Village Electoral Institutions. Journal of Contemporary China, 2009, 18 (60).

④ 参见 K-S. Louie. Village Self-governance and Democracy in China: an Evaluation. Democratization, 2001, 8 (4).

⑤ 参见 Lianjiang Li. The Politics of Introducing Direct Township Elections in China. The China Quarterly, 2002 (171).

⑥ 参见 Zongze Hu. Power to the People? Villagers' Self-rule in a North China Village from the Locals' Point of View. Journal of Contemporary China, 2008, 17 (57).

力的获取和运用方面存在缺陷,即注重了权力的获取,忽略了权力的运用,只将民主选举的评价作为主要内容。村民自治仅仅在选举质量上有一定进步,但在民主素质上,绝大多数农民依然处于较低水平,民主选举并不能确保乡村的民主治理。① 甚至在后来,谭青山也认为村民自治并未提升乡村的治理水平,选举质量的提升也并未带来乡村治理绩效的提升。② 总体来讲,对于民主选举暴露出来的这些缺陷与不足,这些学者予以了深刻的反思和总结。

二是制度化参与。2000 年以后,有些研究者由于认识到单纯优化民主选举并不足以有效地推进村民自治,开始深入进行农民参与制度化的探索研究,大多集中于研究农民制度化参与的现状、特征、原因、路径等。例如,董江爱提出,村庄的民主治理要通过制度化的参与来提高治理绩效,以促进村庄发展。因为由于多种原因,农民在村民自治实践中主要参与村委会选举,而对民主决策、民主管理和民主监督的参与明显不足,致使村落公共权力在实际的政治运作过程中扭曲变形。③ 季丽新等调查了 20 个省区的 68 个村庄后发现,中国农村民主治理状况有所改善,但中国农村正处于从传统政治走向现代政治的起点,农村民主治理总体水平较低,表现为部分农民政治参与意识淡薄、政治参与理性欠缺,农民政治参与处于以动员型参与为主的状态。因此,中国农村发展要更关注公平,培养农民政治参与意识,提高农民政治判断能力和政治理性等。④

---

① 参见 Kevin J O'Brien, Rongbin Han. Path to Democracy? Assessing Village Elections in China. Journal of Contemporary China, 2009, 18 (60).

② 参见 Qingshan Tan. Why Village Election Has Not Much Improved Village Governance. Journal of Chinese Political Science, 2010, 15 (2).

③ 参见董江爱《参与、制度与治理绩效的关系研究——村级治理机制及运作效果的比较分析》,载《华中师范大学学报(人文社会科学版)》2009 年第 6 期。

④ 参见季丽新、王培杰《农村民主治理:困境与出路——20 个省级行政区的 68 个村庄调查》,载《中国行政管理》2013 年第 2 期。

三是缩小民主规模。以缩小民主规模来推动村民自治的发展，是从2012年以后开始兴起的研究热点。其主要体现在"自治重心下移""微自治"等研究上。例如，胡平江对清远市佛冈县的村民自治实践进行了研究，其将原有的"乡镇—村（行政村）—村民小组"调整为"乡镇—片区—村（村民小组）"模式，自治重心下移到自然村，核心是协调行政与自治的矛盾，重塑村民自治的自治体系。① 赵秀玲认为，在中国基层社会的快速转型中，一些与基层社会和民主自治不相适应的问题开始凸显出来。最典型的是村（居）民自治的治理理念、模式和方法往往很难将具体问题落到实处，也难以将村（居）民自治继续推进。为了弥补村（居）委自治的不足，中国基层民主治理实践开始"微自治"的探索。"微自治"的范式主要有"村民小组"自治、"院落—门栋"自治等。②

从村民自治的实践来看，无论是优化民主选举，还是制度化参与或缩小民主规模，都在一定程度上为走出村民自治的困境贡献了思路，并为进一步推动乡村民主治理提供了有益的经验支持和理论启示。但是，这三个方面的路径选择也有其内在固有的缺陷与不足：优化民主选举可能导致一味以推进选举为重点，而忽略了民主决策、民主管理与民主监督的后续发展，造成"四个民主"相互脱节，从而引发诸多的选举乱象；制度化参与则着重强调为村民的民主参与提供制度化支持，以调动村民参与的积极性和热情，但是这种做法较为理想化、空泛化，它没有考虑到乡村治理的复杂性，也没有意识到在实践层面上具体操作所存在的难度与阻力；缩小民主规模以推进村民自治虽已见成效，但还是存在基层工作人员超载、治理成本过高、行政干预与压缩民主空间等局限性，并不利于民主

---

① 参见胡平江《自治重心下移：缘起、过程与启示——基于广东省佛冈县的调查与研究》，载《社会主义研究》2014年第2期。

② 参见赵秀玲《微自治与中国基层民主治理》，载《政治学研究》2014年第5期。

自治深入推进。

总之,上述三种路径对于实现乡村民主治理的目标并不是最佳选择,它们还难以将民主与治理真正连接起来。因此,如何在民主与治理之间搭建桥梁,是探索村民自治有效实现形式时必须要面对和解决的问题。

(二) 问题的提出

基于以上分析,本节的研究问题是:如何寻找除优化选举、制度化参与和缩小民主规模之外的其他有效路径,在民主与治理之间搭建桥梁以更好地实现乡村的"善治"?

在实践中,我们发现广州市增城区石滩镇下围村村民自治所推行的村民代表议事制度的探索创新,有助于为我们解决上述问题提供有益的思路和启示。于是,我们选取下围村发生的故事为案例,尝试对其如何解决民主与治理的关系问题进行深度的理论分析。从村庄的权力结构来看,下围村是一个派系分立的村庄,在改革开放之初,它就深受派系纷争的困扰。即使推行民主选举也未能化解村民之间的派系冲突,反而使其愈演愈烈,村庄发展为此付出了惨重的代价。然而,近年因实行村民代表议事制度使下围村成功"突围",它有效解决了困扰村庄多年的治理难题,结束了派系之间争权夺利的混乱局面,使下围村实现了由"问题村"向"良治村"的转型。下围村的故事由此成为一个具有典型性意义的案例,其成功的治理经验已在增城区及广州市其他地区得到推广与普及,也吸引了学界不少学者的关注和研究。从下围村村民代表议事制度的实践成效来看,其作为一个经验样本的示范意义就在于启示我们,村民自治不能只简单地理解并推行为单纯的选举民主,还必须进一步扩充民主,在民主与治理之间搭建桥梁,将民主选举、民主决策、民主管理和民主监督有机整合起来,以实现农村社会的"善治"。

二、下围村村民自治的"困境"与出路

20世纪90年代以来,下围村一直遭受派系纷争的缠扰,经济发展停滞,村中秩序堪忧。2014年实施的村民代表议事制度化解了村中派系纷争,村庄面貌随之焕然一新。因此,在这里需要对下围村所发生的故事进行讲述,分析它是如何从困境中找到出路的。

(一)下围村的"困境"

下围村是石滩镇的一个村落,与富裕的东莞市隔江相望。大多数村民都姓郭,为同一祖先的后代。改革开放初期,因区位商业条件优越,其在1993年就成为县政府成立县经济技术开发区管委会的选择地,村里兴起开发建设的热潮,一时呈现欣欣向荣之象。但由于缺乏科学管理和规范引导,以征地拆迁、物业出租及工程建设为核心的村务、财务管理混乱不堪,村干部以权谋私,村民因此怨声载道。随后,因宅基地分配不均,最终爆发了村民之间的冲突,导致该村上演了一场持续20多年的派系纷争"大戏",村庄治理出现"对人不对事"的"人斗人"的混乱局面,本来有强劲发展势头的经济严重滞后。

村中派系主要分两大派别,一派是以老支书为首的"既得利益派",另一派是以郭某深为首的"利益受损派"。这是属于宗族派系内部矛盾,利益分配不均是形成派系纷争的祸根。下围村由此跌

入派系纷争之深渊,即使在1999年实施村委直选也没能把派系纷争问题解决,反而使其愈演愈烈。由于两派积怨深久,不论哪一派系的人当选,另一派都群起攻之,千方百计地阻挠对方的改革行动;不论决策正确与否,敌对一方一概抵制,村里什么事情都办不成。

因此,下围村的村民自治变成一个"烂摊子",其困境主要表现为几个方面:一是村内形成持久的派系纷争,双方相互反对、相互拆台,缺乏平等对话空间,无论大事小事,都易引发谩骂、打架,敌对双方难以一起共商村事;二是"村干部自治"代替了"村民自治",村中权力掌握在少数人手中,大小事由村干部说了算,权力腐败难以受到有效监督和惩治;三是由于村民不懂民主操作流程,以致"有会难开、有事难议、议而难决",使下围村的民主决策、民主管理和民主监督长期以来难以实施;四是村庄稳定有序的局面难以维持。由于利益分配不均,群众利益诉求无法得到及时解决,发生了一系列如围攻村委会、示威游行的群体性事件,上访更成为村民的家常便饭。下围村这些困境所带来的恶果就是村庄事务管理乱象丛生,无人负责打理。例如,2万多平方米的集体经济项目,包括酒店和商贸城的建设用地闲置达20年。由此,下围村成了远近闻名的"维稳重点村""上访村""问题村"。

(二)下围村的出路

但在2014年,下围村却发生了惊人的变化,仅用半年多时间就从"问题村"一跃成为广州市的"文明示范村"。下围村这一转变源于2014年新一届村"两委"建立了村民代表议事制度,实行"民主商议、一事一议",从细节和程序上完善了村民的民主决策制度,为村民行使民主权利创造了良好环境和条件,使困扰村庄发展多年的派系纷争迎刃而解。由此,村民代表议事制度成为下围村走出村民自治困境的出路。

　　下围村有9个合作社，约600户。按小片区划分，每5～15户选出1名村民代表，一共选出69名代表，由这些村民代表组成议事会，代表村民参与村里事务的决策。议事厅是村民议事的重要载体，是一间300多平方米的大阶梯会议室，分为主持席、代表席、列席席、旁听席、监督席及发言席六大功能区。在议事厅里的后方墙上张贴着《石滩镇下围村村民代表议事制度》，列出了具体的议事清单，包括村经济和社会发展规划及年度计划、村庄建设规划；村民自治章程和村规民约的修订；村集体土地、房屋等集体资产的承包和租赁，宅基地的安排和使用；等等。按照议事制度，实施这些事项之前都必须经过议事会通过表决，所以"民主商议、一事一议"成为下围村村民自治新形式的探索，它做到了事事商量、件件表决，尽最大的可能满足村民的意愿和利益诉求。

　　下围村议事会作为村务的决策平台，村民代表都能在此发表自己的意见建议，以解决分歧并寻找共识。从2014年实施村民代表议事制度至今，下围村共召开村民代表会议18次，商议议题38个，表决通过事项37项，否决事项1项。37项表决通过的议题，目前已有32项得到落实办理，其余事项也在落实中，无一受到村民恶意阻挠。不到1年，下围村的历史遗留问题得到一一清理。2014年，村集体经济收入从此前的390万元提升到720万元，村民人均收入增加了800元。这是村民代表议事制度成功化解下围村村民自治所处困境之后所带来的效益。

三、村民代表议事制度：六个要素的有机整合

村民自治的理想版是要完成民主与治理两大使命，但下围村村民自治在推行村民代表议事制度之前，它的现实版是在实践过程中民主与治理两者不得兼顾，也就是不仅没有实现民主的目标，而且也完全没有提升和改善治理绩效。这主要是因为单纯以选举为中心，使民主决策、民主管理与民主监督往往流于形式，"四个民主"并不能协调地发挥作用。同时，由于存在难以消解的派系纷争，导致本来就失去治理的村民自治逐渐背离了民主，割断了民主与治理的有机联系。因此，村民自治并未能如愿地实现民主与治理两大目标，结局是陷入困境。但下围村实施村民代表议事制度后，将民主与治理连接起来，不仅有效化解了派系纷争，而且重建了村庄的稳定秩序，也给村庄经济发展带来了重大效益。因此，就解决现阶段农村所面临的民主治理难题而言，下围村的创新实践是具有普遍性意义的典型案例。

综观下围村的实践，它的成功"突围"主要源于在民主决策的创新改革中对民主予以进一步扩充，改变了以往单纯依靠优化选举的路径选择。这里"民主的扩充"主要体现为把共享、公议、公平、公开、监督和问责六个要素整合为一体：这六个要素构成了一个有机的整体，环环相扣、依序连接，缺乏其中任何一环都可能会影响村民代表议事制度正常功效的发挥，如图4-1所示。

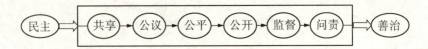

图4-1 民主扩充的要素及其内在联系

在图4-1中,六个要素的功能定位和位置序列主要体现在:"共享"为第一环,首先解决权力的归属问题,即村的公共治理权究竟属于谁;"公议"为第二环,解决的是村的公共治理权在决策中如何运行的问题,亦即民主商议还是个人独断的问题;"公平"为第三环,解决的是决策过程中依据什么规则、按照什么程序来对村的公共资源或利益进行权威性分配的问题,体现的是程序的公平正义;"公开"为第四环,其功能在于确保村的公共治理权公开透明地运行;"监督"为第五环,是在公开透明的基础上解决如何监督村的公共治理权行使的问题;"问责"则为第六环,也是最后一环,核心解决的是如何确保村干部有权之后有责即承担责任以及失责如何受到惩罚的问题。由此可见,村民代表议事制度所扩充的六个民主要素形成了一个结构完整、运行有序的流程图。从图4-1中,我们发现正是通过村民代表议事制度实现了对民主的扩充,民主选举与民主决策、民主管理、民主监督才得以结合在这六个环节中并相互协调地发挥作用,从而将村民自治有效运转起来,使村民自治回归到民主轨道上,由此也大大改善并提高了治理绩效。在这里,我们将对上述六大要素如何在民主治理过程中发挥作用予以进一步分析。

(一)共享:权力归还全体村民

"共享"要素主要是解决由谁来掌握乡村治理的公共权力问题。下围村将乡村治理的公共权力收归于全体村民所有,并委托由村民选出的村民代表组成的村民议事会代理行使,打破了村"两委"长期垄断公共权力的治理格局。

下围村在新的议事规则下,由69名村民代表组成的村民议事会成为决策机构,村委会真正变成执行机构,村干部的权力角色发生了转变,"村干部由老板变成了村务、财务的组织者和保管员",有效地解决了村民自治中村委会"替民做主"的问题。这也意味着对村庄权力中心的重构,乡村资源的控制权从村干部转移到了议事会,议事会成为村庄的权力中心和决策中枢,村民代表成为村庄决策中枢的一员,村庄无论大小事都要经过他们商议通过才算数。因此,下围村新的选人用人机制有效改变了村干部垄断村庄公共权力的格局,做到了还权于民,让村民真正成为村庄"当家人",体现了民主的"共享"要素。"共享"要素无疑有助于提升并强化议事会的决策地位,从而克服村级决策组织"形式上有权,实际上无权"的通病,使议事会掌握了决策权,村委会专门负责行使执行权,两者在规定的权力范围内活动,使决策权力和执行权力获得应有的空间和位置。

(二)公议:民主商议一事一议

"公议"要素主要是解决如何行使公共权力的问题,其主要体现在村民议事会的民主议事过程之中。民主议事是对协商民主的践行,而协商民主简而言之,就是自由而平等的公民通过对话、讨论、听证、商议、辩论等协商形式进行民主决策。下围村议事会实行的民主商议规定了如何明确议题、公示议题、议事环节、违规警告、投票表决等规则和程序。

这是村庄以"立宪"的方式为下围村民主决策确立了民主商议的新游戏规则,替代并改变了原来的游戏规则,村民代表不是村干部而成为"玩家"。其中,"公议"要素被运用得淋漓尽致。通过民主商议，实行"一事一议"，参会人员充分表达意见、建议和诉求，确保了村民代表自由发言的权利。村民代表严格按照议事规则自主决定，克服了"有事议不成""有事不可议"的困难，有效"防止村书记或村主任的个人意志代替村'两委'的集体意志，防止村'两委'的简单少数意志代替村民代表的大多数意志，防止村民形式上有权实际上无权"，使村民最根本的利益得到"村宪"的保护，有利于调动村民政治参与的积极性和主动性，也有利于恢复村民对村庄建设和发展的信心和希望。

（三）公平：保障利益分配正义

"公平"要素主要是解决依据什么规则、程序来确保利益分配的公平公正问题。农村的派系纷争往往是由利益分配不均引起的，因此缺乏一种公平公正的利益分配机制才是派系纷争产生的根源。为确保农村基层的稳定发展，必须建立一套公平公正的利益分配规则和程序，为村民管理村庄公共事务和公益事业提供机制保障，从而保障村民利益的分配正义。

过去下围村会发生派系纷争，就是因为没有一套行之有效的利益分配规则或程序。例如，分配征地补偿款时并不透明公正，征地款发到村民手中的只是其中一小部分，大部分不知去向；分配宅基地时，村"两委"班子及其亲友大多能挑到占着十字路口、干道边的好地块。利益分配不公自然会引起村民不满，从而难免爆发派系之间的矛盾和冲突。下围村实施议事制度后，建立了一套行之有效的利益分配机制，要求凡是涉及集体资产处置、村民重大关切等事项都必须按议事规则公平、公正、公开地办理。与此同时，它规定每个议题不但需要村民代表总数的2/3赞成才能通过，而且通过的决议必须每个村民代表签字画押确认才算数。这表明议事会通过的决议是具有权威性和法律效力的，体现了大多数村民的意愿，不仅村委会必须无条件地服从和执行，村民代表也必须带头遵守和拥护，并对产生的决议承担相关责任。另外，议事的精细化与参与的仪式化更有助于决策的落实和执行。在新的制度规则下，村民之间利益互惠受到保护，彼此之间就会有更多信任。曾经像一盘散沙的下围村变得团结和谐，重现了生机与活力。

（四）公开：促使权力运行透明

"公开"要素主要解决的是权力运行过程问题，它要求权力的运行过程必须公开透明。因此，它必须建立一种行之有效的公开机制。公开机制是村民自治民主监督环节的重要组成部分，主要表现在决议前要公开、决议过程要公开、决议结果要公开，做到事事公开化、事事透明化，使权力在阳光下运行，从而保障村民的知情权、表达权和监督权。

下围村的公开机制主要从这几个方面进行：①决议前，议题一般由村"两委"提出，经由村"两委"联席会议充分讨论，形成初步方案后提交村民代表会议审议。村民代表会议审议的议题要提前公示3天，村务不仅要在村务公开栏、村广播公布，还要在微信二维码平台公布，村民通过手机一扫即可参与微信群讨论，把意见转达给村委会。村民群众如果不会使用微信二维码平台，可直接找村"两委"干部或是村民代表反映意见。同时，还要求村民代表利用3天的时间深入到群众与党员中去听取意见。公示3天后，代表们方可带着群众的意见到议事大厅议事决策。②议事过程中，村民可在旁观席观看，也可通过微信平台观看。③决议后，每一次村民代表会议审议通过的议题要形成会议纪要，放到微信平台向全体村民公示，或者通过广播等媒介向村民公开。

（五）监督：防止权力异化扭曲

"监督"要素主要解决的是由谁来监督权力的问题。正所谓"权力导致腐败，绝对权力导致绝对的腐败"。权力行使需要监督和制约，不受制约的权力易发生扭曲变异。因此，对权力的监督必须全方位、全覆盖。

下围村村民代表议事制度主要从这几方面着手：一是村民代表对村"两委"干部的监督。这主要表现在村民代表的常设及其"代表"作用。自村民议事制度确立和运行以来，村民代表就是村民的发言人，享有充分的表达权和集体决策权。按照《中华人民共和国村民委员会组织法》（以下简称《村组法》），一般是三个月召开一次村民代表大会，下围村则每个月举行一次。召开村民代表大会时，村委每个部门都要汇报工作中遇到的问题，村民代表反映村民提出的各种意见，村委会则派人跟踪服务，以对广大村民的利益进行经常性维护。二是村民对村民代表的监督。村民代表由村民选举产生，必须代表村民的意愿和利益。如果村民代表违背大多数村民的意愿，将会导致村民的不信任，从而很难再次连任。三是舆论媒体的监督。村务通过广播、村务公开栏、网络媒体及时公布于众，使村民能熟知村庄事务，掌握相关政策和法律法规，使村委会的权力暴露于阳光之下，让村"两委"干部不敢贪、不能贪、不想贪。四是村务监督委员会的监督。会议中村务监督委员会成员可通过列席会议实行现场监督，会议后还可对村委会及其他组织执行决议的活动进行监督。五是党政的介入与指导。在推行村民自治上，党和政府履行了村组法规定的指导职责，正确地指导村民依法制定制度，明确议事流程并严格监督执行，对村民代表、村干部及其他工作人员出现的问题进行及时发现和纠正。

（六）问责：有效约束公共权力

"问责"要素主要是解决如何实现对权力有效监督和约束的问题。问责体现在责问、回应以及奖惩三个方面。[①] 以往村民代表会议的决议无法执行，就缘于"问责"要素的缺失。正因为这样，村民、村民代表和村干部缺少了法律强制力和道德约束力，治理参与者无法形成自我监督的意识。下围村村民代表议事制度引入问责要素之后，这些情况得到了彻底改变。问责要素主要体现在三个方面。

一是建立会议议题会前公示制度。下围村村民代表议事制度要求村"两委"将村民代表会议议题提前公示3天，广泛征集村民的意见和建议，接受公众质询并做出回应。同时，议事会将议事内容制成权力清单公之于众，为问责机制的推行奠定了基础。

二是不断健全村民代表议事制度。它规定，凡经过村民代表会议通过的决议、决定，任何人不得擅自改变，村民必须无条件执行，并由村"两委"组织落实；凡未经村民代表会议通过的交易事项不得提交镇农村交易平台进行交易，擅自交易的将追究其法律责任和决策责任。

三是实行红黄牌纪律惩罚。若村民代表议事会参与人员违反议事会会议纪律，将视情节轻重给予黄牌或红牌警告。给予黄牌或红牌警告由主持人及村"两委"提议，并经过到会代表总数的2/3以上投票表决通过方为有效。村民代表累计2次黄牌警告或受到1次红牌警告的，该代表暂停行使1次表决权和议事权；列席人员暂停行使1次议事权。由于规则是中立的，红牌或黄牌约束不看派系，

[①] 参见肖滨《网络问政如何建构问责——基于对广东河源市网络问政的分析》，载《学术研究》2012年第12期。

只对行为，代表为维护自身利益，对于新规则只能选择适应和自我约束，否则代表的地位就可能丧失。因此，问责要素的引入有效加强了对公共权力的监督与约束，不仅提高了村民代表的使命感和责任感，也加强了村干部的执行能力和效率，培养了村民的自我监督意识。

四、结论与讨论

通过对下围村如何实现村民代表议事乡村治理模式并化解乡村治理难题的分析，在这里就可对如何有效连接民主与治理做进一步总结。

在村民自治实践中，不能仅仅依靠单纯的民主选举来解决问题，因为这样不但难以化解派系纷争等治理问题，最后也会使选举本身成为问题与麻烦的"制造者"。同时，由于制度化参与或缩小民主规模自身存在不足和局限，并不利于村民自治发展，因此，为实现乡村"善治"，有必要另辟蹊径，而村民代表议事制度为实现民主与治理的有效连接提供了一个有益的思路和方向。村民代表议事制度进一步扩充了民主，将共享、公议、公平、公开、监督与问责六大要素进行有机整合，形成了一套逻辑结构紧密联系的复合型机制：由谁来掌握权力、如何行使权力、如何确保资源或利益分配的公平性、权力如何公开运行、由谁监督及如何监督权力、怎样使权力监督约束有效。这六个环节是环环相扣的、具有内在逻辑联系的。其中任何一环断裂了，都将不利于民主治理目标的实现。总体来讲，以村民代表议事制度来创新乡村治理模式，将有助于实现从以选举为中心向民主治理的转变，从而推进农村基层民主政治的发展，为建立和维护稳定的基层政治秩序奠定坚实的制度基础。具体来说，以村民代表议事制度来扩充民主的重要意义可归纳为六个方面。

一是共享要素使村庄公共权力由村"两委"向村民议事会实现重心转移。下围村实行村民代表议事制度后，权力属性发生了质的改变，村庄公共权力真正掌握在了全体村民手中。由于权力中心得到重构，有效改变了"村干部自治"的治理格局，形成了村民代表议事会负责决策、村委会负责执行、村监督委员会与村民代表负责监督的权力架构，这样不但清晰界定了它们的角色定位与作用，也为这些村级组织机构通力合作、相互制衡奠定了制度基础，并创造了实践空间。

二是公议要素将协商民主带入决策过程以提高决策的民主质量。村民代表议事制度的核心就是实现民主商议、一事一议，在协商议事过程中根据议事规则反映村民的民主诉求与利益表达，并听取村民的意见与建议，最大限度地体现村民代表大多数人的意志，使村民议事会的决策更符合现代决策的科学化、民主化要求。在这个过程中，村民也受到了民主训练和能力培养，由消极公民逐渐转变为积极公民。

三是公平要素推动建立有效的利益分配规则和程序。凡是重大事项需在议事会按议事规则和程序决策通过，这有助于实现利益分配的公平正义，打破少数村干部或宗族派系垄断利益与操纵权力关系的局面。同时，要求村民议事代表签字画押，并践行议事程序精细化和参与仪式规范化，以增强群众对议事会决议的合法性认同和执行自觉性，这从根本上来说，是对村民最广大利益的维护与保障。

四是公开要素使权力运行过程公开透明化。通过建立决策公开机制实现从决策前到决策后的全程公开，使决策的公开度和透明度不断增强，有利于拓宽村民全面获取议题信息的渠道，加强村民与村干部之间的沟通与联系，为村民自觉履行监督村民代表、村干部及其他工作人员的职责提供了重要的便利通道。

五是监督要素有效防止了权力的异化扭曲。从村民代表监督村干部、村民监督村民代表和村干部、村监督委员会的监督、舆论媒体的监督到党政机构的监督和指导，下围村构建了一套自上而下、由内到外、严密细致的监督机制。此机制有利于杜绝监督不力、监督缺位的现象，从而增强民主监督的实效性，从源头上根除权力腐败的可能，使权力真正做到为民所用、为民谋利。

六是问责要素确保了对权力监督和制约的持续有效性。下围村通过建立议题会前公示制度，制定权力清单，接受村民质询，实行违反程序决策的法律责任追究，推行红黄牌纪律的惩罚等，始终都贯穿责问、回应和惩罚三个元素，大大增强了问责力度，有力地遏制了不作为、乱作为的现象，使决策和执行人员依法依规进行活动，为村民自治的有序运转创造了良好的制度环境。

总之，从下围村村民自治的创新经验来看，要实现村庄治理由"乱"到"治"，需要在民主与治理之间搭桥与连线，即找到一种切实有效的连接机制。村民代表议事制度将共享、公议、公平、公开、监督与问责六个要素有机整合于一体则恰好提供了这样一种机制，正是这种机制不仅促使乡村"四个民主"协调发展，而且提升并改善了村庄治理绩效，实现了民主与治理整合为一体的目标。虽然基于下围村这一典型案例所进行的理论概括还有待于在实践中获得进一步的检验，但是上述六个要素环环相扣、依次推进的民主扩展运行机制有其内在的逻辑自洽性，它清楚地表明，在村民自治的实践中遵循其中所蕴含的内在逻辑，民主与治理的有机连接就具有现实的可复制性。就此而言，下围村的实践确实为实现基层民主治理提供了很好的经验启示与方向指引，值得学界进一步发掘和讨论。

第五章

乡村自治新路：
寻求"二元统一"的广东探索*

进入21世纪以来，中国一些地方陆续探索村民自治的新形式。广东近些年也进行了多方面较有成效的探索创新，从粤东、粤西、粤北到珠三角地区多个地市的村民自治由此逐渐活跃起来。从地理位置来看，这些探索的分布虽然是散点式的，但是如果将它们拼合起来，就构成了一幅整体的图景，反映出村民自治的一种新的发展趋势。由此产生的问题是，如何从理论上对这种新趋势进行合理的解释？

---

* 本章原文载于《政治学研究》2016年第3期，系笔者与博士研究生方木欢共同撰写，经其同意，收录于本书。此次收录，标题略有改动。

目前，学术界以徐勇教授为代表的学者提出村民自治发展的"三波段"①理论来对此进行解释。他认为，第一波就是以自然村为基础的自生自发的村民自治，主要表现为自我管理、自我教育、自我服务，这"三个自我"奠定了村民自治的基础，填补了农村在人民公社解体后的权力真空，重建了农村的社会秩序；第二波是以建制村为基础的规范规制的村民自治，主要表现为民主选举、民主决策、民主管理和民主监督这"四个民主"的制度化、规范化，并把民主和自治联系在一起，确立了现代自治的方向，这是由传统自治向现代自治转变的一个标志，为村民自治的"2.0版"；现在，探寻村民自治的有效实现形式进入了第三波，这一波是在建制村以下内生外动的村民自治，即村民自治的"3.0版"，"第三波实际上就是带有找回自治的目的，即把民主和自治再连接起来"②。

显然，村民自治第三波的理论不仅在理论上为学术界分析全国各地近期探索村民自治新形式的实践提供了原创性的理论解释，而且从实践上为村民自治走出困境贡献了富有启发性的新思路。不过，通过认真反思广东各地探索村民自治新形式的实践，我们发现第三波的理论解释与实践探索之间还存在相当的距离。更具体地说，实践经验表明，现阶段广东等地探索村民自治新形式的实践主要目标还不是寻求实现民主与自治的连接，而是探索如何处理好乡村治理中的多重权力关系以及全面落实村民的参与权问题，并通过这些探索使村民自治走出目前所处的困境，从而更有活力地运转起来。基于此，我们需要重新审视学界关于村民自治陷入困境的已有的理论解释，重构解释村民自治陷入困境的新框架，并对广东探索村民自治新形式进行理论定位。

---

① 徐勇：《找回自治：探索村民自治的3.0版》，载《社会科学报》2014年6月5日；徐勇、谢建德：《找回自治：对村民自治有效实现形式的探索》，载《华中师范大学学报（人文社会科学版）》2014年第4期。

② 徐勇：《找回自治：探索村民自治的3.0版》，载《社会科学报》2014年6月5日。

一、重构解释村民自治困境的新框架：从已有的论述出发

村民自治是中国基层民主政治建设和发展中最根本、最深刻的政治变革和政治实践，经过近40年的发展，它已取得相当程度的成就，但因其实施进程中存在的问题与不足，不可避免地会陷入困境中。通过大量的研究，学术界把这些困境主要归结为：村民选举过程中的黑金化和宗族化使选举处于低层次、高烈度的常态，利益纠纷引起的派系斗争使村民自治常常举步维艰，村党支部与村委会因权力的矛盾和冲突而出现各自为政、各行其是的现象，小村干部大腐败引起村民普遍的愤懑和反感，越级上访和群体性事件造成农村社会治理失衡和秩序混乱，村民参与村庄事务管理的热情和积极性逐渐消退，等等。不仅如此，学术界也一直在不断探索使村民自治陷入困境的原因。① 综合来看，目前学界对此问题的回答主要有三大解释框架。

---

① 参见沈延生《村政的兴衰与重建》，载《战略与管理》1998年第6期；徐勇《村民自治的成长：行政放权与社会发育——1990年代后期以来中国村民自治发展进程的反思》，载《华中师范大学学报（人文社会科学版）》2005年第2期；陈剩勇《村民自治何去何从——对中国农村基层民主发展现状的观察和思考》，载《学术界》2009年第1期。

(一) 民主与治理的割裂论

这一解释框架立足于村民自治制度的实际运行，主要从两个层面入手进行解释。一方面，从民主层面来看，主要集中体现在民主选举问题的研究，比如研究选举的法律程序安排[①]、选举经验模式[②]、选举的非法竞争行为如贿选和暗箱操作等[③]、宗族势力对选举的影响[④]、村民信任与农村选举之间的关系[⑤]等。也有学者是从村民自治这套民主制度在运行过程中产生的反向民主特征来分析的。例如，王金红等从反向民主论这一更加广阔的视角来解释由于村民自治过密与制度缺失同时并存而导致的困境，认为传统文化基础的破碎、人民公社制度的迅速崩溃使得村民自治在现代国家治理尚未完全确立之时迅速成长，不完善的制度建构使得村民自治具有反向民主的特征，它忽视了农村发展与现代国家之间内在的基础性制度建构的关联，割裂了民主与治理之间的有机联系，从而导致民主诉求与治理绩效的内在冲突，这也是直接导致村民自治陷入困境

[①] 参见王禹《村民选举法律问题研究》，北京大学出版社2002年版；唐鸣《村委会选举法律问题研究》，中国社会科学出版社2004年版；唐鸣等《村委会组织法的修订所取得的进步》，载《社会主义研究》2011年第1期。

[②] 参见景跃进《海选是怎样产生的》，载《开放时代》1999年第3期；辛秋水《"组合竞选制"的发展过程和历史价值》，载《福建论坛（人文社会科学版）》2009年第10期；李秋高《团队竞选制：基层民主实践中新的选举模式》，载《北京理工大学学报（社会科学版）》2012年第4期。

[③] 参见时晓红、娄兆锋《村级民主选举障碍性因素分析》，载《山东师范大学学报（人文社会科学版）》2010年第6期；赵爱明、史仕新《村民参与民主选举行为的影响因素探析》，载《经济体制改革》2010年第2期。

[④] 参见肖唐镖《村民选举"宗族势力干扰论"可以休矣》，载《人民论坛》2011年第8期；肖唐镖《从正式治理者到非正式治理者——宗族在乡村治理中的角色变迁》，载《东岳论丛》2008年第5期。

[⑤] 参见Lianjiang Li. Distrust in Government Leaders, Demand for Leadership Change, and Preference for Popular Election in Rural China. Political Behavior, 2011, 33 (2).

的制度缺失与制度过密并存的深层原因。① 另一方面，从治理绩效层面来看，谭青山认为，村民自治对乡村治理没有任何影响，选举质量的提升并未转变为提升乡村治理绩效的方式的改善。村民选举在中国已被推行了 20 多年，但并未对乡村治理产生实质性的作用，"研究显示，没有自治的实质，村民自治逐渐会变成一种形式。在贫穷的村庄，村委会官员缺乏为村民做任何事情的资源。而在有资源的村庄，在'村债乡管'的原则下，村委会的账目受到乡政府的管理。在其他村庄，由于村委会与村党委之间的权力斗争，村民自治业已瘫痪"②。欧博文和韩荣斌认为，评价村民自治的绩效是一个复杂的过程，以往的评价在内容上是单一的、有缺陷的，注重了权力的获取，忽略了权力的运用，只将民主选举的评价作为主要内容。然而，"民主选举并不足以确保民主治理。为了理解乡村中国的民主化，我们不仅需要追问程序是如何被引入和提升的，而且要追问村委会是如何和地方权力结构中的其他行为主体互动的"③。胡宗泽认为，以往对村民自治绩效的研究都是失败的，甚至是错误的。因为在所有关于村民自治绩效的研究中，很少有研究去关注村民是如何看待和评价村民自治的，而判断村民自治绩效的真正主体——村民在这过程中是缺位的。他发现，除那些受过教育或能够影响选举结果的村民认为民主有用外，大多数村民将民主选举视为即使是无害的但也是无用的、无意义的。④ 总之，这一解释框架的核心点在于民主与治理的割裂是村民自治陷入困境的根本原因。

---

① 参见蒋达勇、王金红《反向民主对村民自治制度绩效的影响——一个新的理论解释》，载《开放时代》2012 年第 5 期。

② Qingshan Tan. Why Village Election Has Not Much Improved Village Governance. Journal of Chinese Political Science, 2010 (15).

③ Kevin J O'Brien, Rongbin Han. Path to Democracy? Assessing Village Elections in China. Journal of Contemporary China, 2009, 18 (60).

④ 参见 Zongze Hu. Power to the People? Villagers' Self-rule in a North China Village from the Locals' Point of View. Journal of Contemporary China, 2008, 17 (57).

（二）国家与社会的脱节论

其理论重心在于对村民自治制度运行的外部环境影响的分析，主要围绕两个理论视角来展开研究。其一，国家中心主义的视角。首先，它体现为国家主导论。王行坤等通过对村民自治的制度文本与具体实践之间悖离问题的分析，认为"村民自治困境的根源在于，它仍是一项国家主导的制度，国家是其中的核心行动者"，其表现为"国家对于村民自治制度的发展具有双重性作用，一方面正是由于国家力量的介入使得村民自治能迅速地在全国范围内开展；另一方面又是由于国家权力的不当干预使得村民自治制度的运行出现偏差"。因此，村民自治缺乏一个足够强大的另一方行动者与国家博弈。如果存在一个强大的与国家力量基本平衡的行动者，那么双方通过平等的协商，共同制定制度，纠正实践偏差，最终可以逐渐消除制度文本与具体实践间的悖离。[①] 其次，它体现为国家外部强加论。陈剩勇在解释村民自治制度失灵、农村基层民主运转不起来的原因以及探寻当今中国农村陷入治理危机的根源时，除了列举出农民缺乏民主素养、农村精英流失、重选举轻治理、大体制问题等原因外，还提出了国家外部强加论的解释，即"村民自治制度不是中国农村社会和农民阶层自发生长的秩序，而是执政党和政府自上而下推动的产物，是一种外部强加的制度"。建立于这一制度基础之上的农村基层民主，从本质上说是一种动员式民主。换言之，村民委员会这一组织形式虽是由农民自发组建而来，但村民自治制度的民主治理，从民主选举到民主决策、民主管理和民主监督的一系列机制，说到底是国家对农村基层社会的一种制度安排，是执政

---

① 参见王生坤、薛婷婷《文本与实践的悖离——对我国村民自治发展困境的解读》，载《桂海论丛》2010年第1期。

党和政府设计并予以强力推动的结果，而非"内生型"、出自于中国乡村治理的习俗和惯例。① 其二，国家—社会关系的视角。徐勇对 20 世纪 90 年代以来村民自治发展的困境进行反思，认为由于村民自治是国家行政推进的，"中国的农村村民自治一开始就有国家立法以授权的性质，即村民自治是基于国家难以通过单一的行政管理有效治理社会而将部分治理权下放给基层"。因此，村民自治的成长空间、村民自治权利的实现与政府下放权力直接相关。而政府是否下放权力，下放哪些权力，又与政府的多重目标及其选择相关。正是这种政府目标的多重性所造成的内在紧张关系使作为国家赋权的村民自治在实际运作过程中显现出矛盾。而中国农村的村民委员会是在一定行政地域上产生的、具有唯一性的基层组织实体，从而有一定的基层地方行政功能，即政府的目标和任务要通过村民委员会这一基层组织来实现。在这一体制下，地方政府在完成其目标时，势必将村民委员会作为自己的"一条腿"，由此就会出现政府与村民意志的角力。因此，他认为中国村民自治的成长从上看需要体制性的行政放权，从下看则需要现代社会组织的发育。②

（三）体制与制度的紧张论

这种解释框架侧重于对村民自治制度本身蕴含的体制性紧张的分析，这主要体现为两套组织逻辑论。贺东航认为，村民自治的成效与初衷之间、制度文本与实际运行之间是存在差距的，村民自治制度在实践中可能有阻碍它继续演进的因素存在。在解释实践中的

---

① 参见陈剩勇《村民自治何去何从——对中国农村基层民主发展现状的观察和思考》，载《学术界》2009 年第 1 期。
② 参见徐勇《村民自治的成长：行政放权与社会发育——1990 年代后期以来中国村民自治发展进程的反思》，载《华中师范大学学报（人文社会科学版）》2005 年第 2 期。

"村民自治"的实行效果为什么有很大争议时,他认为主要有两组互相竞争的组织原则即"党和政府的领导"原则和"村民自治"原则,导致村民自治组织在实践中可能会产生一种内在的紧张,从而使自治组织行政化。在农村基层组织的变革过程中,国家虽然赋予了村委会自治的地位,但这些自治要素无法形成对既定制度格局的挑战。《村组法》在表面上得到了"贯彻",事实上却成为一种形式上的制度。他总结道,具体到中国的村民自治制度的实施环境中就有两套组织逻辑:村民自治制度与"坚持党和政府领导"。因此,要改善村民自治的实践就必须进行更大范围的政治体制调整和相应的配套改革。在他看来,中国村民自治发展可能是曲线型、波浪型或复线式地发展,而不是序列式地展开和直线上升,将两套组织逻辑进行有机的结合,未来仍是一个复杂多变的过程。①

总体而言,上述三种解释框架不仅澄清了村民自治困境的一些重要节点,而且在一定程度上揭示和分析了村民自治陷入困境的基本原因,为学术界进一步的讨论奠定了重要的基础。不过,这三大解释框架都有其理论上的盲点或不足:有的理论解释似乎过于宏观,比如国家外部强加论、国家主导论等,因而无法深入揭示村民自治陷入困境的具体因果机制;有的理论解释似乎忽略了中国村民自治制度运行环境的独特性和复杂性,比如,仅仅着眼于国家与社会关系的二元分析套路,就难以把握执政党在村民自治中关键性的领导作用;有的理论解释把西方学术界基于总结其他发展中国家民主发展经验而概括出来的学理资源直接用于分析中国村民自治陷入困境的根源,如反向民主论,不仅片面,而且也缺乏富有穿透性的解释力。比较而言,两套组织逻辑理论更能在中国语境和真实层面上揭示村民自治陷入困境的体制性原因,只是其分析还比较抽象,内容指向不够具体、清晰,尤其是在两套组织逻辑之间如何产生紧

---

① 参见贺东航《中国村民自治制度"内卷化"现象的思考》,载《经济社会体制比较》2007年第6期。

张关系的问题上，论述语焉不详。因而，有必要以此理论解释为基础做进一步的补充、扩展和完善。

正是基于上述以两套组织逻辑为内容的体制与制度的紧张论，本节提出了"五权"结构平衡的理论模式来解释村民自治陷入困境的原因。这里的"五权"具体指存在于乡村治理中的领导权（中国共产党在乡村治理中的领导权）、行政权（基层政府在乡村的行政管理权）、自治权（农村群众性自治组织管理公共事务和公益事业的自治权利）、经济权（农村集体经济组织独立管理村集体经济事务的自主权）和参与权（村民的选举权、决策权、管理权与监督权），如图5-1所示。

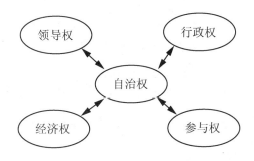

图 5-1 村民自治"五权"结构关系

根据这一理论模式，我们认为导致村民自治陷入困境的体制与制度两重逻辑的紧张关系，实际上可以进一步具体概括为"五权"结构在现实的既定制度框架下，亦即在现有体制下出现的"失衡"问题，这种"失衡"表现为多重关系的紧张：领导权、行政权与自治权的紧张，经济权与自治权的紧张，自治权内部纵横结构的紧张，村民参与权的内在紧张。"五权"结构紧张关系的由来有其历史根源并深受现实情况的影响。在人民公社解体后，乡村社会处于"权力真空"[①] 状态：一方面，党的组织建设和政府的公共服务都

---

① 徐勇：《中国农村村民自治》，华中师范大学出版社1997年版，第32页。

无法触及乡村这一层级；另一方面，由于长期处于全能主义国家建构的整体性社会中，农村传统社会中的乡约民俗难以继续起到乡村治理的作用。但随着村民自治的兴起，在全能主义国家"纵向到底，横向到边"的治理结构下，农村社会又成为不同权力争夺的场域：执政党力图通过强化党的领导权完成党组织对乡村的整体把控；国家（state）希望获得乡村社会中的行政权，以保证公共服务的顺畅提供；村庄追求获得乡村中的自治权；村集体经济组织要求得到自主管理企业的经济权；而村民则寻求获得村庄公共事务治理的参与权，以维护自身合法权益。因此，农村地区在处于"五权"争夺的状况下，权力界限的划分对乡村治理影响相当大。很明显，任何一方的权力过于强大，比如党的领导权过于集中，或者政府行政过度干预自治权，或者自治权不断扩张，等等，都会造成"五权"结构的严重失衡，如果这个问题得不到合理有效的解决，村民自治就会陷入困境。因此，要走出这种困境，关键是要实现"五权"结构的动态平衡。通俗地说，其实就是"五种米如何煮好一锅粥"的问题。

二、广东探索村民自治新形式：分散的个案与总体的画面

广东探索村民自治新形式，是在改革开放深入发展的特定时代背景下进行的。2014 年，广东省国民生产总值（GNP）高达 6.8 万亿元，连续 26 年居于全国首位，而广东省的人均 GDP（国内生产

总值)也突破 1 万美元大关。① 但伴随着经济增长、产业转型与城市化进程的加快,广东省区域之间发展的不平衡日益扩大,基于土地而产生的农村治理问题不断凸显,现实的压力倒逼广东对当下的村民自治进行调整、探索与创新。而随着党的十八大提出"国家治理能力现代化"的要求,如何保证农村基层治理的平稳、有效也成为广东省探索村民自治新形式的动因之一。具体来说,这些动因主要体现为三个方面。

(一) 社会经济发展的需要

尽管广东经济总量位于全国榜首,但其内部社会经济发展不平衡现象却十分严重。《广东省城镇化发展"十二五"规划》指出,在"十一五"期间,广东省内区域发展不平衡问题比较突出,就城镇化而言,珠江三角洲地区城镇化率达 82.72%,而粤东、粤西、粤北地区的城镇化率分别为 57.71%、37.67%、44.29%。② 广东省希望将提高城镇化水平作为实现"加快转型升级,建设幸福广东"的重大任务来落实,力求在城镇化的水平和质量上都继续有所提升,以重大工业项目带动粤东、粤北城镇群的发展,从而实现广东省的均衡发展。因此,工业产业规模的扩展、城镇化的进行、城市群边界的不断扩大,都对现有的村庄治理形成了挑战,而运转有序、公开透明的村民自治则会有效减小城市化、工业化可能面临的阻力。

---

① 参见国家统计局广东调查总队《2014 年广东国民经济和社会发展统计公报》,见 http://gjdc.gd.gov.cn/ztzl/tjgb/201503/t20150304_140278.html。
② 参见广东省人民政府《广东省人民政府办公厅关于印发广东省城镇化发展"十二五"规划的通知》,见 http://zwgk.gd.gov.cn/006939748/201303/t20130311_369193.html。

（二）农村治理问题凸显下的选择

随着广东经济的不断发展，尤其是第二产业增长和城市的扩张，农村土地资源成为利益的集中点，但土地利益分配机制的不健全给广东的农村治理带来了大量的问题。近年来，由于土地利益分配引发的集体上访、越级上访，甚至爆发的大规模群体性事件不在少数。因此，随着广东城市化进程与产业转型的不断加快，土地问题更加突出，由此引发的村治混乱、村级自治组织失灵、农村经济水平下降等问题也日益凸显。与此同时，外嫁女、村干部腐败、村集体企业管理混乱等问题层出不穷，对村民自治与乡村治理构成了很大挑战。基于此，如何通过调整村民自治，提升村民的自治能力，减少村干部腐败案件的产生，保障农村治理稳定、有效地运行，就成为摆在广东各地方政府和基层政权面前的重要问题。

（三）国家治理能力现代化的要求

"完善和发展中国特色社会主义制度，推进国家治理体系和治理能力现代化"是党的十八届三中全会提出的全面深化改革的总目标，这不仅要求提高执政党的执政能力和国家的治理能力，还要提高人民管理自身事务的能力。相较于全国其他地区，广东位于改革开放的前沿，其经济、社会等方面的开放程度都远高于内地大部分省市。因此，其具备更多的资源和能力进行治理能力现代化的探索。与此同时，相较于北京、上海等直辖市，广东的城乡特点与人口分布更具有典型意义，广东的社会建设可能成为整个国家的示范。而就广东本身而言，城镇化比例已经比较高，其城镇化的目标在于农村的现代化与城市的升级。以广州为例，至2014年仍存在着130余个城中村。这些农村的自治情况不仅对村庄本身十分重要,更对广东的城市建设以及城乡一体化建设起着关键作用。① 所以,从宏观上说,广东对于村民自治的探索是提高村民管理自身能力的行为,是推进国家治理能力现代化的过程;就中观而言,广东对于村民自治的探索可以对其他地区形成示范效应;就微观而言,广东对于村民自治的探索是自身深化改革的要求,是改善广东基层治理、提高城乡一体化建设的有效方式。

总之,来自于经济社会转型发展、农村治理问题凸显以及国家治理能力现代化的三大动力驱动了广东村民自治的探索与创新。换言之,现实的压力倒逼广东各级地方政府和基层政权以实现乡村治理中"五权"结构的动态平衡为目标,针对各个地方面临的不同现实难题,对村民自治进行探索,形成了不少各具特色、散点式的创新案例(见表5-1)。从实践效果来看,这些分散个案的经验做法在一定程度上解决了它们所针对的问题,使村民自治正常地运转起来,为解决村民自治的困境提供了富有启示意义的经验样本:为破解领导权、行政权与自治权之间的紧张关系,梅州市不断加强改善党的领导和强化村级党组织的核心作用,清远市则着力推进农村社会综合服务站的建设,形成了富有特色的"一核主导、双重服务"的经验做法;为了解决自治权与经济权由来已久的紧张关系,佛山市南海区实行了"政经分离"模式;为平衡自治权内部纵横结构的紧张关系,梅州市推行"三元制衡""多层共治",云浮市则以"组为基础,三级联动"为内容探索"上下联治",而清远市则选择"自治下移"的做法;为保障和实现村民的参与权,改变村民自治长期以来以选举为中心的格局,梅州市开创了"四权同步"的经验模式,广州的增城区则以力行"民主商议、一事一议"的村民代表议事制度为主线。

---

① 郑永年在广东"政府治理能力现代化"颁奖上的讲话,见http://www.gdshjs.org/shjsyw/content/2014-04/18/content_97870409.htm。

理解中国治理的广东样本——广东经验的理论分析

表5-1 广东探索村民自治新形式

解决问题	协调领导权、行政权与自治权的关系	理顺自治权与经济权的关系	优化自治权内部的纵横结构	避免参与权实现的参差不齐
创新经验	一核主导、双重服务	政经分离	三元制衡、多层共治、上下联治、自治下移	四权同步
区域代表	粤东（梅州）粤北（清远）	珠三角（佛山南海）	粤东（梅州）、粤西（云浮）、粤北（清远）	粤东（梅州）、珠三角（广州增城）

从这些个案的发源地来看，它们虽然散见于粤东、粤北、粤西和珠三角地区，但是若把这些地区比较典型的经验做法拼接起来看，我们勾画出来的将是一幅完整的"五权"结构动态平衡的图景。在这画面中，我们能看到领导权、行政权与自治权的关系，经济权与自治权的关系，自治权内部的纵横结构关系，参与权的内在关系变得越来越融洽、协调。因此，这给予我们的启示是，在面对村民自治实践过程中所遭遇的困境，要推动村民自治正常运行，重要的是要尽可能地化解"五权"结构之间的紧张，并在有机整合"五权"结构的过程中，注重"五权"结构边界的划分，使每种权力都能找到它们各自的位置和发展空间。而广东改进乡村治理方式的探索创新，能为我们研究"五权"结构的动态平衡提供鲜活的经验素材。

三、一核主导、双重服务：为领导权、行政权定位

在村民自治实践过程中，国家通过实施"政党下乡"和"行政下乡"对乡村社会进行整合、渗透与控制的同时，[①] 难免会与行使自治权的农村群众性自治组织产生紧张的关系。也就是说，作为具有强制性的党政（party & state）权力（power）与作为具有自主性的乡村（village）自治权利（right）在合力推进村民自治的过程中，由于各种因素的作用可能会形成一种紧张的关系。这种紧张的关系主要体现为制度设计与实践运行中的"落差"，具体表现为两个方面。

（一）领导权与自治权的紧张：党支部与村委会

从法律文本来看，乡村自治权一般由作为农村群众性自治组织的村民委员会根据相关法律法规来行使。村委会的自治权主要来源于《村组法》第二条规定："村民委员会是村民自我管理、自我教育、自我服务的基层群众性自治组织，实行民主选举、民主决策、民主管理、民主监督。"农村党支部的领导权来源于《村组法》第

[①] 参见徐勇《"政党下乡"：现代国家对乡土的整合》，载《学术月刊》2007年第8期；徐勇《"行政下乡"：动员、任务与命令——现代国家向乡土社会渗透的行政机制》，载《华中师范大学学报（人文社会科学版）》2007年第5期。

四条规定:"中国共产党在农村的基层组织,按照中国共产党章程进行工作,发挥领导核心作用,领导和支持村民委员会行使职权;依照宪法和法律,支持和保障村民开展自治活动、直接行使民主权利。"

从制度设计来看,村党支部是党在农村的基层组织,是党在农村全部工作和保持战斗力的堡垒,也是村域范围内治理公共事业和公益事业的领导核心,而村委会是行使自治权的基层群众性自治组织。因此,二者是不同性质的组织形态,"从法律对二者基本职责的规定来看,党支部的职责主要是政治性、原则性的,村委会的职责则是事务性、具体性的"①。党的基层组织和村民委员会的共同存在,打破了乡村社会人民公社时期党的一元化权力格局,使乡村社会形成了二元化权力格局,并由此产生了村民自治的"两委矛盾"问题,在实践中主要表现为村党支部片面强调党的领导并否认自治,或者村委会片面强调自治并否认党的领导地位,或者村党支部和村委会形成两大"阵营"各自为政、各行其是,从而造成村党支部领导权和村委会自治权之间关系的紧张,这既不利于村庄内部的团结与和谐,也给村庄经济社会的发展带来了阻力。

(二)行政权与自治权的紧张:基层政府与村委会

相关法律法规对基层政府与村委会之间的关系给予了明确的界定,《中华人民共和国宪法》(以下简称《宪法》)第一百一十一条规定"村民委员会是基层群众性自治组织",它既不属于政权组织,也不是基层政府的下级组织。1987年的《中华人民共和国村民委员会组织法(试行)》(以下简称《村组法(试行)》)第三条规定:

---

① 王金红:《"两委矛盾":经验分析与理论批评》,载《华中师范大学学报(人文社会科学版)》2005年第5期。

"乡、民族乡、镇的人民政府对村民委员会的工作给予指导、支持和帮助。村民委员会协助乡、民族乡、镇的人民政府开展工作。"1998年修订后的《村组法》第四条规定："乡、民族乡、镇的人民政府对村民委员会的工作给予指导、支持和帮助，但是不得干预依法属于村民自治范围内的事项。村民委员会协助乡、民族乡、镇的人民政府开展工作。"2010年再次修订的《村组法》在第五条做了与上述内容同样的规定。因此，从这方面的制度设计来看，基层政府与村委会的关系既不是上下级的组织关系，也不是领导与被领导、命令与服从的关系，而是指导与被指导、协助与被协助的关系。

然而，在实际运作中，乡镇领导在当前的政绩考核标准以及"压力型体制"下，无法不依赖村委会来完成上级布置的行政任务。所以，采取"村财乡管"来强化对村委会的控制，或者通过党组织来间接干预村庄内部事务等诸如此类的方式，就成为乡镇政府的理性选择。同时在取消农业税之后，村委会成员的补贴全部由政府发放，并由政府对村委人员的工作成绩进行考核来评定奖金等级。这就进一步地强化了村委会对乡镇政府的依附，村委会迫于基层政府行政权的强势压力，容易沦为其行政下级或派出机构，致使村民委员会丧失对村务的自主管理权，于是乡镇政权与村委会的关系成为"转型时期中国国家与社会矛盾的表现，是国家行政权与村民自治权在乡村'场域'紧张关系的反映"[①]。在这样的现实条件下，镇政府与乡村的关系实际上是"领导与被领导"的关系，村委会是"党和政府的村委会"。由此，在"乡政村治"的治理格局下形成了基层政府行政权与村委会自治权的紧张，变成村民自治实践中无法避开而又急需解决的一个突出难题。

正是针对上述两大紧张关系，广东省梅州市、清远市进行了

[①] 黄辉祥：《乡村博弈：国家整合的内在紧张——基于现代国家建构理论的尝试性解释》，载《东南学术》2008年第3期。

"一核主导、双重服务"的探索实践，这在一定意义上为解决这个问题提供了一个很好的思路。

在这里，"一核主导"主要是指不断加强和改善党的领导，强化村级党组织的核心作用；"双重服务"指的是建立在农村地区的农村社会综合服务站为农村社会的发展提供党务、政务与社会事务两重的服务。而"一核主导、双重服务"的目的就在于为党和政府在"五权"结构中的地位进行定位，党主要通过提供党务服务确保其在乡村治理中的领导地位，同时政府通过输送公共服务向基层渗透，以此实现领导权、行政权与自治权三者之间的功能定位，推动领导权、行政权与自治权的平衡发展。

(1) 梅州的"一核主导"。其具体案例发源于三圳镇芳心村。该镇地处广东省梅州市蕉岭县中南部，辖9个村144个村民小组和1个社区居民委员会，芳心村是其中一个村。目前，芳心村全村辖21个村民小组，共645户2231人。芳心村立足于本村实际情况，在实践中通过实施党组织、村委会对村级财务开支的"两审两签"制，并明确党组织负责召开村级会议，以及创新党组织提名村监事会、村民理事会成员制度，实现了党组织对村级各类组织的领导，有利于确立其在农村村民自治事业中的领导核心地位。

(2) 清远的"双重服务"。为了推动村级党政事务与自治事务相分离，逐步剥离村委会承担的行政和公共管理事务，逐步实现政府行政管理与基层群众自治的有效衔接和良性互动，为群众提供便利、优质、高效的"一站式"服务，清远市在农村地区建立了农村社会综合服务站。它是乡镇人民政府（街道办事处）设在农村的服务管理平台，隶属各乡镇人民政府（街道办事处）领导和管理，主要负责承接上级政府部门延伸到村级的党政工作和社会管理事务。目前，清远地区的农村社会综合服务站提供的服务主要包括两大类：一类是党务服务，包括党务政策的咨询服务、党员组织关系的接转、党内宣传教育、流动党员的管理和服务工作等。另一类是政务服务。主要分为两小类，一是社会事务类，包括协助做好城乡最低生活保障金、农村五保户、城乡医疗救助、困难人员临时救济、及时上报自然灾害及受灾情况、行政区域界线的委托管理、推进殡葬管理与改革、辖区管理信息系统数据采集和录入等相关工作；二是人口计生卫生类，包括人口计生统计、流动人口已婚妇女计划生育信息登记录入、计生政策和生育知识咨询等。清远市的治理经验有效确保了中国共产党在农村社会的核心领导地位，使党扎根于农村并巩固了政权基础，而政府的行政服务也主要体现在社会服务站，并与党的服务紧密联系在一起，双轨并进。

因此，在"一核主导、双重服务"的实际运作中，基层党组织负责党务服务，上级政府负责政务服务，村委会负责自治事务，从而使基层政府、党支部、村委会三者之间的职权关系得到厘清，也有效地化解了实践中领导权与自治权、行政权与自治权之间的紧张。这样一来，"一核主导、双重服务"不仅确立和强化了执政党在村民自治制度运行中的核心领导地位，而且通过公共服务和公共物品的有效提供体现了国家行政权在乡村治理中的角色与功能：执政党的领导权和基层政府的行政权获得应有的空间也就为村民自治的正常运转奠定了根本的政治行政基础。

四、政经分离：让自治权与经济权脱钩

如前所述，行使自治权的农村群众性自治组织也就是村民委员会，它的职责范围主要是根据法律规定对农村公共事务、公益事业

进行自主管理。根据《村组法》第二条、第五条、第七条规定，"村民委员会办理本村的公共事务和公益事业，调解民间纠纷，协助维护社会治安，向人民政府反映村民的意见、要求和提出建议。村民委员会向村民会议、村民代表会议负责并报告工作"，"村民委员会协助乡、民族乡、镇的人民政府开展工作"，"村民委员会根据需要设人民调解、治安保卫、公共卫生与计划生育等委员会"。因此，村民委员会是村民自治制度主要的组织载体，村庄主要是由它来行使自治权，代表全村村民管理村中公共事务和公益事业，并负有协助上级政府开展工作的职责，以执行村庄的"行政权"。同时，《宪法》和《中华人民共和国农业法》等法律规定，我国实行农村土地集体所有制和家庭承包"统分结合"的双层经营机制，其中农村集体经济组织是"统"的功能的承担者，由它行使管理村集体经济事务的经济权。《村组法》第八条也规定，"村民委员会应当尊重并支持集体经济组织依法独立进行经济活动的自主权，维护以家庭承包经营为基础、统分结合的双层经营体制，保障集体经济组织和村民、承包经营户、联户或者合伙的合法财产权和其他合法权益"。因此，就法律规定而言，村集体经济组织应该掌握村庄的经济权，对经济事务进行独立自主的管理。换言之，村委会是农村群众性自治组织，而村集体经济组织是具有独立进行经济活动自主权的经济组织，两者之间并不存在行政上的隶属关系，更不用说交叉和并行了。对于这个问题，彭真似乎早有意识，他在 1981 年 10 月 3 日阐述修宪问题时说："基层政权怎么搞？包括政社分离。政社恐怕要分离。一个是经济组织，用经济办法管理；一个是政权，用行政的办法，行政命令是要执行的。这两者根本不一样。"①

然而，由于在现实的生活中，党组织、自治组织与经济组织三

---

① 《彭真传》编写组：《彭真在主持起草 1982 宪法的那些日子里》，载《中国人大》2013 年第 2 期。

位一体成了农村管理体制的常态,形成了"政经不分"的混合管理体制。与此同时,在现有的"政经混合"的体制下,无论是自治权还是经济权往往都是由村委会一手掌控,造成村集体经济组织地位低于村委会并从属其下,村集体经济组织并不能正常发挥其应有的功能效用,从而导致自治权与经济权的紧张。而自治权与经济权的紧张关系带来的"恶果"就是"被束缚的集体经济与被绑架的公共服务"①。集体经济之所以被束缚是因为其主要依靠集体经济组织来运营和管理,而集体经济组织又完全受命于村组的行政领导,拥有了村庄行政权就意味着同时拥有经济事务的管辖权,由于村委会领导干部在经济事务的管理和决策中缺乏监督,以及权力过于集中,使经营专业化程度低,管理效率低下;公共服务被绑架就是因为管理集体经济事务极大地分散了干部的注意力,致使公共服务意识淡薄、职能弱化、覆盖面狭窄。佛山南海就是这方面的典型案例,为解决这个难题,它选择以"政经分离"的办法革"政经混合"之弊端。

随着佛山南海农村经济的加速发展,"政经合一"管理模式的弊端日益凸显:一方面,日常治理中党组织、自治组织、集体经济组织之间边界模糊,"一把手"权力过大,一旦村干部在资产管理、利益分配等方面出现问题,基层组织便极容易陷入瘫痪;另一方面,"政经合一"也导致权力与利益相互捆绑,"谁掌握了村居的行政权,谁就掌握了经济权",这就使得村民自治组织的选举在利益的驱动下显示出低水平、高竞争性、高烈度的状态。面对上述情况,自2010年开始,南海区按照"城乡统筹、突出核心、政经分离、强化服务"的总体思路,通过强化村居党组织的领导地位,保证集体经济组织的独立选举,推进"政经分离"的改革。

---

① 郑杭生:《多元利益诉求统筹兼顾与社会管理创新——来自南海的"中国经验"》,华中科技大学出版社2012年版,第92页。

区别于以往村委会主任兼任村支书与集体经济联合社主任的"政经合一"的模式，在改革中，佛山南海实现了"五个分离"，即选民分离、组织分离、干部分离、议决事分离和账目分离。同时，明确界定了各基层组织的选民资格，将党组织、自治组织和集体经济组织选民资格限定在党员、村民和股民三个群体中。在实际运作中，三个组织也分别独立展开工作，党组织负责"三务一监督"，即夯实党务、落实政务、创新服务、健全监督，[①] 自治组织负责社会事务管理，而经济组织则负责经济活动的经营与管理。将党的领导权、行政权、经济权和自治权相互分离后，划清了各个权力之间的界限，限定了村民自治的范围，由村民选举所能带来的利益大幅下降，这就有效抑制了村民对于选举的过分热衷，从而降低了村委会选举中的竞争性、激烈程度。

在分离的同时，佛山南海的政经分离改革也在党组织、基层自治组织和集体经济组织之间进行连线搭桥。尽管南海区出台文件规定村支书不可兼任集体经济组织的领导成员，但赋予了其对经济组织的监督职责，并提倡村党组织领导成员与村民委员会领导成员交叉任职，村党组织的其他成员可以兼任农村集体经济组织的领导成员。同样，在村委会的选举比例上，一般要求80%的村委会成员与党支部成员交叉任职，这就使得党对于经济组织和自治组织的控制均有所加强。根据统计年鉴显示，在2014年的村自治组织换届选举中，佛山南海的村（居）一共产生了861名村居委会委员，其中815名为党支委成员，交叉任职率为94.66%；251位村居委主任，其中241名为村（居）党总支部（党委）书记，书记、主任"一肩挑"的达到了96.02%，完成了之前佛山南海区党委在推行"政经分离"时设定的两个90%的目标。这一比例远高于推行"政经

---

① 参见盛正挺、林焕辉《南海：深化党建捍卫基层》，载《南方日报》2012年8月29日。

分离"前2008年59.1%的两委干部交叉任职率。①

因此，南海"政经分离"有效地克服了上述自治权与经济权长期捆绑在一起所引起的一系列难题，让自治权与经济权找到了各自发展的空间位置。它通过限定和规范村委会的权力范围，赋予了村集体经济组织更多的活动空间和自由度，不仅有利于加强村委会提供公共服务的职能、意识和专注度，也有助于提高村集体经济组织经营经济事务的专业化程度和管理效率，从而破解经济权与自治权之间的困局，以避免村委会对村集体经济组织的过度干预和控制，防止出现村主任或其他村干部权力过大、过于集中引起的钱权交易、贪污腐败等违法犯罪事件。与此同时，值得注意的是，"政经分离"还通过重新搭建党组织与农村集体经济组织和村民自治组织之间的连线，克服了基层党组织软弱涣散的毛病，保证了党对基层政权的掌控、对自治权的领导，以及对经济权的监督，以引领村民自治向良性健康的方向发展。

五、三元制衡与多层共治：优化自治权内部的纵横结构

根据《村组法》，从村民的角度来看，乡村的自治权主要是指村民依照法律法规对村内公共事务进行民主决策、选举、管理和监督等一系列自主权利，它主要通过由村民选出的代表组成的村民会

---

① 参见南海年鉴编委会《南海年鉴》，广东人民出版社2008年版；南海年鉴编委会《南海年鉴》，广东人民出版社2014年版。

议或村民代表会议、村委会、村民小组等村级组织来管理村中大小事务。正是这些村级组织构成了自治权内部的纵横结构，横向体现为村民会议及村民代表会议与村委会的关系，纵向体现为村民委员会（行政村）与村民小组（自然村）的关系。由于多种因素的作用，村民自治权自身具有内外部的紧张，外部紧张就主要体现为上述领导权和行政权与自治权的紧张，故不再赘述。自治权内部的紧张主要表现为组织结构的纵横两个方面。

（一）从横向来看，组织结构的紧张表现为村民会议及村民代表会议与村委会的矛盾

《村组法》第二十一条规定："村民会议由本村十八周岁以上的村民组成。"这表明村民会议是村民自治的"权力机关"，其所行使的权力具体表现为：审议村委会的年度工作报告，评议村委会成员的工作；撤销或变更村委会不适当的决定，有权撤销或变更村民代表会议不适当的决定；涉及村集体经济所得收益的使用、公益事业的兴办和筹资筹劳方案及建设承包方案、土地承包经营方案等关系村民利益的重大事项，经村民会议讨论决定方可办理等。《村组法》第二十五条也对村民代表会议进行了规定："人数较多或者居住分散的村，可以设立村民代表会议，讨论决定村民会议授权的事项。"从该规定可以看出，村民代表会议是村民会议的替代形式，在村民会议难以经常召开的地方代为行使其基本职权。而根据《村组法》相关规定，村委会由村民直接选举产生，享有对农村生产与经济发展、纠纷调解、民意反映、秩序维护、公益事业等进行依法管理的权力，同时规定它要执行村民会议、村民代表会议的决定和决议，热心为村民服务，接受村民监督。

因此，从制度设计来看，村民（代表）会议是村民自治的决策机关，它将公共权力的执行权委托于村委会代理行使，村委会成为

村民会议的执行机关,是负责处理村民自治公共事务的日常工作机构。然而,在实践中由于村民(代表)会议是由村委会召开,而且并不经常召开,导致村委会权力过大、难以受到制约,以致"村委会的主要领导往往掌控了村民代表大会,他们在议程设置上把自己摆在重要的位置上"①。同时,村委会将自身视为上级政府在农村的代言人,具有追求利益最大化的冲动,为了有效贯彻上级政府的指示与行政命令和完成上级政府交代的任务,往往凌驾于村民(代表)会议之上,或者绕开村民(代表)会议代替其行使决策权。因此,村民(代表)会议在村民自治实践中地位并不突出,成为可有可无的摆设,使村民自治实际上变成村委会主导下的自治,村民自治异化为"村委会自治",造成作为决策机关的村民(代表)会议与作为执行机关的村委会出现了委托权与代理权的冲突与矛盾。

(二)从纵向来看,组织结构的紧张表现为村民委员会(行政村)与村民小组(自然村)的矛盾

村民小组是基层最基本的组织单位,是村民自治实践中比较普遍存在的组织形式,与村委会产生于行政村不同,村民小组往往建立在一个甚至几个自然村或过去的生产队之上。它既是联系村民和村委会的桥梁,也是向村委会反映村民利益诉求的中介,是"一个天然的利益共同体"②。《村组法》第三条就对村民小组进行了规定:"村民委员会可以根据村民居住状况、集体土地所有权关系等分设若干村民小组。"同时,第二十八条规定:"村民小组组长由村民小组会议推选","属于村民小组的集体所有的土地、企业和其他

---

① Jean C Oi, Scott Rozelle. Elections and Power: the Locus of Decision-making in Chinese Villages. The China Quarterly, 2000 (162).
② 程同顺、赵一玮:《村民自治体系中的村民小组研究》,载《晋阳学刊》2010年第2期。

财产的经营管理以及公益事项的办理,由村民小组会议依照有关法律的规定讨论决定"。可见在制度设计上,村民小组是由村委会设立并接受村委会领导的,它必须根据村民会议的决策和村委会的要求,执行和完成村民小组内的日常公共事务。

但在实际运行过程中,由于村委会和村民小组之间权力关系未理顺、事权分工不明确而产生了不少冲突:①因为村民小组是由村委会根据需要设立的,并且接受村委会的领导,所以村委会掌握了很大的主动权,以致部分地区理所当然地把村级自治组织与村民小组的关系当作上下级关系,把村民小组视为村委会的一个下属机构,甚至直接任命村民小组长,将小组长看成为村委会"跑腿"的人,这既不能充分代表村民小组的利益,也不能有效监督村委会,从而导致村民小组地位的弱化。②两者在事权分工上,有些地方村委会代替村民小组管理本组公共事务和集体财产,出现小组集体财产被乱用、滥用、挪用或侵占的现象,引发村组之间的经济纠纷。同时,由于各村民小组所处的地理位置和拥有的土地及其他自然资源是不同的,村民小组的利益诉求自然是存在差异的。然而,村委会在工作中往往不顾村民小组的差异性而采取"一刀切"的方式解决问题,非但村民小组的利益诉求得不到合理有效的回应,反而还会引起村民的普遍不满和怨恨,导致接二连三的村民群体上访事件。

因此,自治权内部的纵横结构所产生的紧张关系,显然不利于村民自治事业的发展。那么,如何解决此类难题?也许广东在这方面的实践经验能给我们一些启示,概括地说,就是"三元制衡""多层共治"或"上下联治"及"自治下移"。

(1)梅州的"三元制衡"。"三元"是指由协商议事会、村民委员会和村务监督委员会所构成的三元结构,三者分别负责决策、执行与监督的权力(见图5-2)。因此,"三元制衡"是为了实现三元结构之间的制约与平衡,主要指向的是解决自治权内部的横向问题。焦岭县芳心村在加强和改进党的领导的基础上,不断规范村委会职能,完善村务监督委员会制度,创新协商议事平台,最终构成全村新的议事平台与治理架构。在这个过程中,协商议事会对关系到村庄发展的大小事务进行了有效的决策,从多方吸收意见和建议,发挥了凝聚共识和群策群力的优势,防止了过去村委会"一家独大"、独揽决策权的弊端。村委会主要的职责是执行协商议事会的决议,在它规定的权力范围内活动,正确地行使村民所赋予的公共权力。村监事会主要由村里的老干部、老模范、老党员等有威望的人担任,其监督内容主要包括村务公开、财务收支、意见处理、政策落实等事项,对村庄的决策和执行过程进行事前、事中、事后的全面监督,保障村庄各项公共事务能正常地运行,有效地改变了过去监督缺位、监督无力的现象。芳心村"三元制衡"的实施,有效地破解了横向上村委会与村民会议及其他组织长期以来因权力交叉、职能重叠而形成的困局。

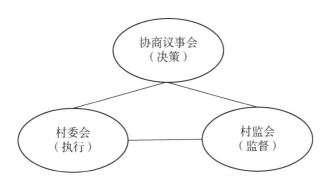

图5-2 三元制衡

"多层共治"或"上下联治"及"自治下移"主要是为了解决自治权内部的纵向问题。

(2)梅州的"多层共治"。"多层共治"主要是指在自然村(村民小组)一级成立村民理事会,并在行政村一级成立协商议事会,由村民通过村民理事会、协商议事会实现"多层共治"。芳心村主要采取了这方面的做法。村民理事会作为自然村(村民小组)社会治理的主体,参与社会管理,开展公益活动,搞好公共服务,发挥村民小组、经济合作组织等组织在村庄治理中的经济与社会职能。协商议事会是在村民代表会议制度的基础上,由村民代表、党员议事代表、村民理事会理事长、村监会成员以及外出乡贤、政府工作人员(驻村县、镇干部)等社会各界人士组成的开放式村级协商议事会制度。协商议事会成为村民畅所欲言的议事平台,其所"议"之事包括村级重大问题和涉及村民利益的重大事项。按照议事原则,村中大小事务均可由村民民主表决,实现"我的村庄我做主"。例如,2015年10月17日,芳心村召开了村民协商议事第一次会议,就村庄环境整治、如何发展村集体经济、理事会该做什么等事项进行了协商讨论,并在会上投票表决了2015年垃圾卫生费的收费标准。

(3)云浮的"上下联治"。云浮的实践可以被概括为"组为基础,三级联动",其村民自治向上延伸至镇一级基层政权,向下延伸至村小组或自然村,简而言之,就是"上下联治"(见图5-3)。在具体操作中,在全市的组(自然村)、村、镇三级分别组建村民理事会、社区理事会和乡民理事会,探索以群众为主体的"组为基础,三级联动"的社会自治体系,构建"政府以自上而下的服务形式强化社会管理,群众以自下而上的理事形式参与社会管理"的互动式社会管理网络。这样一来,补充了现有村民自治以行政村作为自治基本单位造成的底层权力真空,将国家政权与村民自治单位相互联系,从而形成"纵向到底"的贯通结构,进而达成基层政权由悬浮型向渗透型的转变,在保证基层活力的同时确保了国家公共服务的畅通。

第五章 乡村自治新路：寻求"三元统一"的广东探索

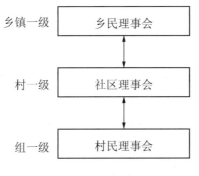

图5-3 上下联治

（4）清远的"自治下移"。清远的具体操作之所以可以概括为"自治下移"，是因为自治由行政村下沉至原本的村民小组或自然村，这就产生了两个结果。一是改变现行的农村社会治理模式，将原有的"乡镇—村—村民小组"基层治理模式调整为"乡镇—片区—村（原村民小组或自然村）"模式，在片区建立党政公共服务站，在原村民小组或自然村设立村委会。二是改变现行农村基层党建模式，清远的探索是在乡镇党委下辖片区建立党总支（党委），同时在片区下辖的村（原村民小组或自然村）建立党支部。清远市委一领导干部认为，在自然村建立党支部相当于把"支部建在连上"，其目的在于通过基层党组织的作用化解原本农村党员老龄化、结构不合理、素质低下、能力不足等问题，并借此协调党组织与基层村民之间的关系。如果说云浮的"组为基础，三级联动"是将政府的行政权输送到基层自治组织，那么清远的村民"自治下移"就是将党的领导延展至村民自治组织。据统计，截至2013年年中，全市1023个行政村中成立了710个党政公共服务站，在村民小组（自然村）中成立了8419个党支部，实现了基层组织建设和村民自治重心下移；到2013年年底，全市共有14554个自然村成立了村民理事会。而村小组党支部和农村村民理事会的成立充分调动了村

159

民参与乡村建设，有效解决耕地经营碎片化、生产单一化、村容建设滞后等问题，盘活了农村经济，带动了农村建设，解决了基层矛盾。①

通过对以上四个案例的分析可知，"三元制衡"的实施加强了横向上村级组织结构之间的相互制衡作用，明确划清了协商议事会、村委会、村监事会三方分别行使决策、执行与监督权力的界限，让它们严格规范地按照各自的权力范围行使权力，杜绝以往村委会独揽大权、滥用权力的现象，为民主决策、民主管理、民主监督的顺利开展提供了环境和条件。在解决纵向上村级组织结构之间的矛盾方面，无论是梅州的"多层共治"，还是云浮的"上下联治"或清远的"自治下移"，都是各地方结合当地实际情况采取的"微自治范式"②，目的是为了解决自治规模过大的问题，以弥补村委会自治的不足。其核心就是自治重心的下移，从而贯通组织上下结构，将权力下放到更微观的一级自治单位，同时有利于更进一步地调动村民参与治理的积极性。正如邓小平所言："调动积极性，权力下放是最主要的内容。我们农村改革之所以见效，就是因为给农民最多的自主权，调动了农民的积极性。""调动积极性是最大的民主。至于各种民主形式怎么搞法，要看实际情况。""把权力下放给基层和人民，在农村就是下放给农民，这就是最大的民主。我们讲社会主义民主，这就是一个重要内容。"③ 因此，纵向的经验模式不仅有助于理顺村委会与村民小组之间的层级结构关系，提升并强化村民小组等组织在村民自治中的地位与作用，也有助于解决与村民息息相关的具体问题，缓解农村社会最基层的矛盾冲突。更为重要的是，这将有利于更好地培育和发挥村民的民主自治能力和水

---

① 参见张俊《全面推进社会治理创新　争创社会建设清远模式》，载《南方日报》2014年2月28日。
② 赵秀玲：《"微自治"与中国基层民主治理》，载《政治学研究》2014年第5期。
③ 《邓小平文选》（第3卷），人民出版社1993年版，第242、252页。

平，让村民真正成为民主自治的主体。

六、四权同步：完整落实村民的四种参与权

参与权，主要是对村民在乡村治理过程中所享有的选举权、决策权、管理权和监督权的统称。《村组法》第二条就明确规定，村委会"实行民主选举、民主决策、民主管理、民主监督"，因此在制度设计上就赋予村民在乡村自治中享有选举权、决策权、管理权和监督权。一般来说，选举权是指村民直接选举产生村委会组成人员的权利，任何组织或个人不得指定、委派或撤换村民委员会成员；决策权是指涉及村民利益的村内重大事务由村民参与决策的权利；管理权是指村民通过一定的法规制度，参与农村事务管理的权利；监督权是指村民对村民委员会的组成人员及行为进行广泛监督的权利。因此，这四个方面的民主权利是村民自治制度的主要内容，它们贯穿于村民自治制度运行的各个环节和各个阶段，体现了基层自治的价值取向和民主属性。

然而，在现实村民自治的实践中，长期以来形成了以选举为中心的格局，这种格局导致了参与权的内在紧张，其具体表现主要为村民的民主选举权与其他三种权利（民主决策、民主管理、民主监督的权利）发展的不均衡性。在这四个民主权利中，选举是民主的基础和关键环节，只有通过民主选举选出村里领导班子，民主决策、民主管理和民主监督才能有效地运转。因此在实践中，地方政府往往选择以选举为突破口，以此来推动村民自治和农村基层民主

化的进程。但是,这也造成了村民自治工作的重点只着重发展村民的选举权利,而忽视决策、管理和监督权利的发展和保障。事实上,村民自治最主要的方面和有强大生命力的是后三种权利的落实。因为民主选举不是民主的全部内容,村民民主自治能否顺利进行关键在于民主选举后,民主决策、民主管理、民主监督这三大民主权利能否落到实处。如果把村民自治比作一辆汽车,这"四个民主"就好比汽车的四个轮子,若只有一个轮子能动,村民自治这辆车就很难跑得动。然而,从现实情况来看,村民自治的"四个民主"并不能同步发展,"民主选举"受到了格外重视和推动,而后三个"民主"却备受冷落、明显滞后。"四个民主"呈现相互脱节和断层的现象,造成权利结构的紧张,从而使村民自治陷入困境。为改善村民自治的这个困境,广东也探索出了一些有成效的做法,比如梅州的"四权同步"以及广州增城推行的村民代表议事制度,都有助于落实村民的这四种参与权。

(1)梅州的"四权同步"。"四权同步"指的是村民的决策权、管理权、监督权与选举权四个权利同步发展。这种实践经验也是在芳心村产生的,实际上它就是对"四权"的有机整合。其具体表现为规范选举,保证了村民的选举权;引入协商,激活了村民的决策权;实行村务公开等,保障了村民的管理权;落实村务监督,发挥了村民的监督权。芳心村通过完善和规范协商议事会决策制度、村民委员会执行制度、村务监督委员会监督制度,以探索村民对村级事务的民主决策、民主管理、民主监督机制,真正落实了村民的决策权、管理权、监督权,改变了以选举为中心的治理格局,形成了"四权同步"的模式(见图5-4)。同时,该村通过完善户代表制度,发挥户代表的传达、教育作用,引导家庭成员支持各级组织参与村庄治理,激发村民建设村庄的内生动力,提高其参与村庄公益建设的热情。在这个过程中,村民化身"田间纪委",成为监督村干部的重要力量。2014年全村累计筹集资金146万元,推动了36

件民生实事的落实。农村基层社会治理正由"政府管理"向"多元共治"转变。

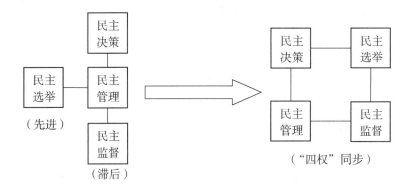

图 5-4　四权同步

（2）增城下围村的"民主商议、一事一议"。"四权同步"有助于改变村民自治以选举为中心的局面，因为过分注重民主选举可能导致乡村派系争斗、选举中的黑金政治，更可能导致在选举期外的村干部腐败和村庄治理困境。广州增城下围村的实践就是通过重塑治理过程与决策环节，增强村民自治中的参与性与民主性，以"四权"的同步发展换来村庄民主治理的转变。20 世纪 90 年代，由于征地拆迁、物业出租和工程建设，下围村土地利益涌现，但由于分配机制上存在不公正现象，下围村内部矛盾纷争不断。长期以来，下围村村民经常集体上访，不仅被称为"上访村"，更是"经济弱村"和"环境乱村"的代名词。通过调研发现，下围村的困境主要在于其自治形同虚设：一方面，村内两派争斗不断，双方相互反对、相互拆台，缺乏平等对话的空间；另一方面，由于不懂民主操作流程，加之两委矛盾等问题，下围村的民主决策、民主管理、民主监督长期以来难于实施。2014 年通过探索以村民代表议事制度为核心的村民自治新模式，下围村的问题得到了解决，其实践的核心可以简要概括为"民主商议、一事一议"。下围村通过村干部主角再定位、村庄"立宪"以及议事的精细化与参与的仪式化三个具体方面重塑村民自治,使下围村的村民自治实现了从选举到治理的转变。在这个过程中,议事平台的建立将下围村带出选举的怪圈,将普通村民从选举中派系冲突的旁观者转变为村庄治理的参与者。同时,通过党政机构的介入与指导,党政干部包片挂村、建立党建指导员和部门驻村负责人,使得村民在民主选举之外的自治权利得到保障与发展。政府常态化、精细化的服务管理也保证了地方政府在农村公共服务与监督职能方面的有效性。从 2014 年实施村民代表议事制度至今,下围村共召开村民代表会议 18 次,商议议题 38 个,表决通过事项 37 项,否决事项 1 项。37 项表决通过的议题中,目前已有 32 项得到落实办理,其余事项也在落实中,无一受到村民的恶意阻挠。同时,村集体经济收入从此前的 390 万元提升到 720 万元,村民人均收入增加了 800 元。①

总之,上述两个案例的经验模式有力地改变了村民自治"四个民主"非均衡性发展的格局。芳心村的"四权同步"不仅有效地遏制了选举中"买票卖票"、暴力冲突、派系纠纷等乱象,同时通过协商议事会、村民委员会、村务监督委员会等多元主体的相互协作,使村民自治的四根支柱(民主决策、民主选举、民主管理、民主监督)真正共同完整地发挥了它们的功用,确保了乡村社会秩序的稳定,让农村发展建设重新焕发了活力。而增城下围村则是通过完善议事规则与程序,积极推进村民代表议事制度,将协商机制带入民主决策的环节,实行"民主商议、一事一议",并从中通过民主决策提升和发挥民主管理、民主监督的地位与作用,实现了由以选举为中心向"四个民主"全面发展的转移,从而完整地落实了村民的参与权。

---

① 参见杜若原等《下围村"突围"》,载《人民日报》2015 年 5 月 8 日。

七、理论定位与进一步的讨论

我们已经通过上述多个案例分析了"五权"结构动态平衡的解释框架,现在对广东探索村民自治新形式进行综合分析,以确立其理论定位。

上述经验事实已证明,从形式上看,现阶段广东探索村民自治新形式是要化解乡村治理中"五权"结构关系的紧张,并通过实现"五权"结构的动态平衡促使村民自治正常地运行;就其实质而言则是要把村民自治有机整合到以党政体制①为基础的国家治理体系中,以强势而有效的党政体制吸纳、整合村民自治。

更具体地说,以党政体制为基础的国家治理体系如何吸纳、整合村民自治?从"五权"结构平衡理论模式来看,可以归纳为四点。

(1) 以"一核主导、双重服务"为村民自治确立政治行政基

---

① "党政体制"是理解中国政治的关键词,是对"中国共产党领导的政治体制"的简称,其基本要素既离不开党,也离不开党所建立的政治制度(国家和政府是其最高表现形式)。当代中国党政体制的根本特征,就在于它是一种融政党于国家并与国家权力高度结合的政治形态。中国共产党作为中国政治体制的核心与中轴,它从中央到地方及至基层建有严密的组织体系,对国家机关、军队和社会团体实行统一而有分工的领导,在国家和社会政治生活中拥有不容挑战的政治权威,由此而形成一个完整而独特的党政体制。可见,党政体制是中国政治体制的基石,中国国家治理体系以党政体制为基础。对"党政体制"概念的具体讨论请参见景跃进、陈明明、肖滨《当代中国政府与政治》(中国人民大学出版社2016年版,第4~10、13~34页)。

础。"一核主导"，就是要强化中国共产党在基层农村的执政地位，保证农村有序的政治秩序。"双重服务"，就是通过党组织提供党务服务以加强政党执政的权威性，通过基层政权的政务服务向基层渗透，以确保国家治理的有效性，由此把村民自治有效纳入以党政体制为基础的国家治理体系中，为党在乡村的执政和领导以及政府的有效治理奠定坚实巩固的政治行政基础。

（2）通过"政经分离"来圈定、规范村民自治的运行空间。从佛山市南海区的实践来看，把经济权与自治权剥离，有助于进一步加强中国共产党对农村经济事务方面的领导，通过将自治空间收缩来限制权力过于集中的自治权，既可有效遏制村干部滥用权力而出现村干部巨腐的现象，也可使自治组织或村干部在自治领域内专门负责公共事务的管理，不再过度干预和操控村经济事务，从而降低村委会选举因经济利益之争而带来的竞争激烈程度。同时，"政经分离"模式还可以使村集体企业更加客观地按照市场规律来运行，促使农村经济向健康正常的方向发展。

（3）优化自治权内部的纵横结构以激发村民自治的制度活力。在横向结构上通过"三元制衡"以实现权力制衡，使协商议事会、村民委员会和村务监督委员会三方能够相互监督和制约，避免任何一方权力的专横妄为，从而解决决策、执行与监督三种权力交叉重叠的问题；在纵向结构上通过实施"多层共治""上下联治""自治下移"实现上下贯通，使民众对上可反映意见和需求，乡镇一级以上政府对下可更接地气，更好地贯彻政策和接收民意，并将民众吸纳到村庄治理中。

（4）完整落实村民的四种参与权，为村民自治的持续运转创造动力。通过实施"四权同步"能有效减少短暂的、无序的农村选举可能对乡村秩序产生的破坏，强化决策民主、监督民主以及管理民主在乡村日常生活中的地位与作用，确保村民自治的民主参与性，调动村民参与乡村治理的自觉性和积极性，这不仅有利于保证村庄秩序的稳定，也可为村庄民主的有序进行创造不竭的动力源泉。

概而言之，广东探索村民自治新形式，形式上是在寻求"五权"结构的动态平衡，即以夯实、强化执政党在村民自治中的核心领导地位为基石，以国家对乡村的有效治理为支撑，吸纳、整合村民自治；实质上是把村民自治有机整合于以党政体制为基础的国家治理体系中，以实现"三元统一"，即将政党执政的权威性、国家治理的有效性、村民自治的参与性有机统一于中国共产党在乡村执政的合法性。更具体地说，"三元统一"主要体现为：政党执政的权威性为国家治理的有效性和村民自治的参与性提供了政治基础，而国家治理的有效性和村民自治的参与性则反过来支持并强化了政党执政权威的合法性。

对村民自治的现实成长而言，在村民自治中寻求上述"三元统一"具有重要意义。

其一，防止村民自治因走向两个极端而终结。如图5-5所示，一个极端即为横轴左端上的A点，这是人民公社历史时期的"一元化统领"状态，在此，乡村自治没有任何空间，村民也没有参与的权利和机会；另一个极端即横轴右端上的B点，它所指的不仅是脱离执政党领导的"单纯乡村自治"状态，而且也指与治理相背离的、最后蜕变为单纯选举民主的、简单化的选举民主实践。广东探索村民自治新形式有助于防止其陷入两难困境：村民自治如果走向A点，必然丧失自治元素，其结局无疑是村民自治的终结；反之，村民自治如果走向B点，也是死路一条，不仅因脱离执政党的领导与掌控而为现行政治体制所不能允许，而且也因国家提供公共服务的匮乏而被乡村有效治理问题所困扰。从这一角度看，广东探索村民自治新形式的现实合理性在于：一方面，它可以避免村民自治向左、右极端漂移；另一方面，它居于前两种状态的中间位置，即横轴上C点所代表的上述"三元统一"的状态。

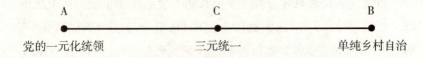

图 5-5 村民自治寻求的"平衡"状态

其二,化解体制与制度之间的紧张关系。党政体制与村民自治制度两套组织原则在现实中某种程度的紧张性导致村民自治制度逐渐走向弱化、形式化。"三元统一"的实现不仅有利于党政体制与村民自治制度两重组织逻辑得到整合和协调发展,而且优化了村民自治的运行环境,这就为进一步推动村民自治向前发展拓展了空间。

其三,避免村民自治蜕变为单纯的选举民主。单纯的选举民主给农村社会发展带来了诸多不良影响,优质的村民自治必定是"四个民主"的全面发展。"三元统一"的实现不仅使支撑村民自治发展的四根基柱(民主选举、民主决策、民主管理与民主监督)逐步建立起来,而且将以往以单纯选举为中心的农村基层自治转变为依托村民全面参与的更为健全的乡村自治;同时,协商民主等民主机制的引入丰富了村民自治的形式,拓宽了村民参与乡村公共事务的渠道。

其四,让民主自治与有效治理连接起来。"三元统一"的实现,有利于破解村民自治中"要民主就不能有治理"或"要治理就不能有民主"的难题,从而使民主与治理有效连接起来。这表现在两个方面:一是通过党政机构提供公共服务解决村民的需要和诉求,这不仅获得了民众的支持与信任,而且为实现国家对乡村社会的有效治理奠定了坚实的基础;二是优化乡村纵横两向自治结构激活了村民自治的活力,而全面确保村民参与自治的权利则给村民自治的推进创造了动力,正是这种活力与动力的驱动为自治与治理连接为一体提供了结合的力量。

当然,从长远来看,由于中国农村社会正处于急剧的变革之中以及各地乡村存在的巨大差异性,在村民自治制度未来的运行中,要真正将"五权"有机整合起来,从而实现政党执政的权威性、国家治理的有效性和村民自治的参与性的有机统一,依然还有许多难题需要在实践中去克服。从这个角度来看,基于广东探索村民自治新形式的实践经验所概括的这一理论模式尽管兼顾了方方面面,具有诸多优点和长处,但依然需要实践的进一步检验和理论上的总结与反思。

第六章

地方治理创新的广东模式：
一个理论分析框架*

在中国模式的论述语境中，广东模式是中国模式的地方样本。就历史起源而言，广东模式是改革开放、思想解放、精英主导、社会推动四种合力的产物。从构成元素和结构形态来看，广东模式是一个由集刚性和弹性为一体的威权体系（政治）、双重主导的经济发展方式（经济）与参差不齐的非均衡社会体系（社会）构成的新旧元素混合、结构尚未定型的混合体。广东模式的历史定位是，从以前僵硬的国家吞噬市场和社会的一体化体系向国家、市

---

* 本章原文原载于《公共行政评论》2011年第6期。此次收录，已对相关内容进行了改写。

场和社会三元结构分化，向良性互动格局转型中的一种过渡形态。思想解放、改革开放是广东模式的精神内核，不断为政治、经济和社会等各领域注入新元素的治理创新是广东模式的实践品格。广东模式面临来自表层和深层的双重挑战，其未来转型取决于改革开放大业在广东乃至全国的深入推进。

一、从"中国模式"说起:对学界争论的梳理

如果说改革开放近40年来,存在着所谓"广东模式",那么,广东模式不是孤立的,它不过是中国模式的一个样本而已。因此,有必要把广东模式置于中国模式的大框架下来讨论。不过,麻烦的是,对于所谓中国模式的问题,学界充满分歧和争议。如此一来,适当梳理这些分歧和争论就构成了进一步讨论的前提。

概括而言,围绕所谓中国模式问题的争议主要集中在四个方面。

一是对于是否存在"中国模式"的争论。针对这一问题,学术界主要有三种观点。第一种观点坚决否定中国模式的存在,认为中国的发展与东亚以及其他国家的发展相比并没有什么独特之处,而且中国还处于发展过程中,缺少模式所需的成熟的、定型的东西。① 第二种观点认为要慎用"中国模式",因为"模式"一词有示范、范本的含义,但中国却并无向其他国家输出经验之态度。② 同时,中国的体制还没有完全定型,讲"模式"有定型之嫌,不仅容易导致自我满足、盲目乐观,而且还会转移改革的方向。因此,这部分学者更赞成使用"中国特色""中国道路"等表述方式。③ 第三种

---

① 参见李士坤《对模式和"中国模式"的思考——兼论中国特色社会主义发展道路》,载《毛泽东邓小平理论研究》2010年第3期;黄亚生《"中国模式"到底有多独特?》,中信出版社2011年版,第10页。
② 参见赵启正《中国无意输出"模式"》,载《学习时报》2009年第3期。
③ 参见李君如《慎提"中国模式"》,载《学习时报》2010年第3期。

观点认为存在"中国模式",持这种观点的学者包括北京大学的潘维教授、新加坡国立大学的郑永年教授等。他们认为,如果一味排斥或否定"中国模式"这一提法,就会丧失在这一问题上的话语权。① "中国模式"是客观存在的,它不仅对发展中国家来说具有非常重要的意义,而且对中国发展本身的意义更不容忽视。②

二是如果存在"中国模式",那么应该如何界定这一概念呢?对这一概念的界定存在着狭义和广义两种方式。在讨论的初期,学者们的关注点主要集中于经济领域,将中国模式狭义地界定为经济增长模式。近年来,学者们开始以综合性的视角看待中国模式,将其广义地界定为政治经济学概念。例如,丁学良就主张按照社会科学学科划界的规范提法,把中国模式定义在政治经济学的领域,是在"国家政权、国民经济、民间社会"三大块连接界面(interface)上。③

三是中国模式是如何形成的、具体内容是什么?就中国模式的形成而言,一些学者溯源至1949年,认为在改革开放之前的30年的发展为改革开放的30年积累了非常丰富的经验,中国模式源于新中国成立以来的"试错"④;而不少学者却认为中国模式形成于1978年党的十一届三中全会以后⑤,丁学良则将20世纪70年代末期到80年代末期的10余年时间定义为中国模式的"史前阶段"⑥。关于中国模式的具体内容,潘维有一个比较系统的论述,认为国民

---

① 参见肖贵清《论中国模式研究的马克思主义话语体系》,载《南京大学学报》2011年第1期。
② 参见郑永年《中国模式——经验与困局》,浙江人民出版社2010年版,第2~3页。
③ 参见丁学良《辩论"中国模式"》,社会科学文献出版社2011年版,第10~11页。
④ 参见潘维等《人民共和国六十年与中国模式》,生活·读书·新知三联书店2010年版,第9页。
⑤ 参见秦宣《"中国模式"之概念辨析》,载《前线》2010年第2期。
⑥ 参见丁学良《辩论"中国模式"》,社会科学文献出版社2011年版,第19页。

经济、民本政治、社稷体制"三位一体",共同构成了独特的中国模式①;丁学良则把中国模式解剖为政治、经济、社会三个子系统,即以"核心的列宁主义"为顶点,"社会控制系统"和"政府管制的市场经济"为支点的铁三角②。

四是如何看待中国模式框架下不同的地方形态?近40年的发展历程表明,中国的改革开放并没有采用"全国一盘棋"的方式,不少地区结合自身实际,在中央的指导下,各地根据自身的情况选择了不同的发展道路,形成了一些较有特色的地方发展模式,例如,"浙江模式""广东模式"等。如何对这些地方模式进行理论解释和历史评价一直是学界关注的话题,而近些年围绕这些模式的讨论则集中反映了学界在此问题上的分歧。

详细评价上述争辩与分歧不是本书的任务,不过,正视如下基本的历史事实却是我们理性面对这场争论的前提:近40年来,中国在推行改革开放的战略和实现从计划经济向市场经济转型的历史进程中,为了实现政权巩固、经济增长、社会稳定的复合目标,采取了一套软硬搭配、相互协同的组合应对方案,形成了一种集政权体制格局、经济增长方式、社会稳定机制为一体的政治、经济、社会相互联动的发展套路。我们虽然不赞成将此发展套路视为已经定型、可以推广、可以效仿的榜样,以致把它命名为"中国模式",但是鉴于中国近40年来所具有的比较独特的发展套路以及为了讨论对话的方便,姑且接受"中国模式"的说法也不失为一种选择。在这一前提下,一方面,赞同把中国模式界定为政治经济学概念,即融政治、经济、社会三个层面为一体的概念,而不是纯粹的经济发展模式的概念,并且大体接受丁学良关于中国模式三分架构的论

---

① 参见潘维等《人民共和国六十年与中国模式》,生活·读书·新知三联书店2010年版,第6页。

② 参见丁学良《辩论"中国模式"》,社会科学文献出版社2011年版,第44~54页。

述框架;但另一方面,我们认为丁学良的判断论述相对比较简单,而且没有分析中国模式框架下复杂的地方形态。其实,这些不同的地方形态既体现了中国模式的一般特性,同时也具有某种特殊性;广东模式是这些具体形态中的一个典型,在中国模式的框架下有其特殊的价值和意义,故我们称之为中国模式的广东样本。解剖这一样本,既有理论意义,同时也有重大的现实意义。

因此,在上述学术语境下,笔者尝试通过讨论以下三个问题以搭建一个把握、反思广东模式的分析框架:广东模式从何而来?其具体内容是什么?如何在历史把握的基础上展望其未来的走向?

二、广东模式的历史由来:四种合力之结果

如前文所述,关于中国模式的形成时间,有学者认为其始于1978年改革开放,也有人认为应该追溯到更早的时期。在笔者看来,在中国模式或广东模式中,政治权力架构的内核部分之形成肯定不是始于1978年:如果要追溯这一政治权力架构内核部分形成的历史脉络,那么,有理由说,20世纪中共创立江西苏区时期是其发源期,中共"抗战"前后在延安的13年是其定型期,1949年中华人民共和国成立之后则是其扩展期。不过,中国模式的另外两项主要内容——市场经济的兴起和社会层面的诸多变化,则是随着1978年改革开放而逐渐出现的。基于这一判断,笔者认为对中国模式以及广东模式形成的分析,需要有长远历史维度的考量,不过,分析的重点确实应该集中于改革开放以来近40年发展的历程。从这一角度来看,

自改革开放以来,广东模式的形成是四大因素合力的产物。

首先,广东模式形成于改革开放的历史进程之中。自1978年党的十一届三中全会以来,连续不断的改革开放为广东模式的形成提供了历史土壤,离开广东改革开放的历史发展过程,就无法理解广东模式的出现与发展。在中国近40年的历史中,广东在开放与改革两个维度上充分展现了其先行一步的姿态:从开放看,从率先创办经济特区到形成全方位对外开放的格局,广东以开放促改革、以开放促发展,对外开放始终被置于先导地位[①];就改革而言,在"摸着石头过河"的探索中,广东以经济体制改革为改革的主战场,大胆进行市场化取向的经济改革和相关的行政改革以及社会改革,推动改革从单项突破到综合配套、从外围战到攻坚战、从试点先行到全面铺开的不断展开,成为全国改革的实验区和示范区[②]。正是在近40年改革开放历史大潮的涌动中,广东模式才得以浮出水面。

其次,广东模式是在广东省三代主政者的历史接续中形成的。改革开放近40年来,在中央的正确领导和直接关怀下,广东省三代主政者前后接续推动了广东模式的形成和发展:第一代广东主政者为20世纪80年代的习仲勋和任仲夷,任仲夷是其代表。他们不仅为广东省在20世纪80年代争取了较高的地方自主权(即广东可以实施某些"特殊政策、灵活措施"),推动了广东内部的改革开放,为广东的经济起飞创造了前提条件,而且以"对外更加开放、对内更加放宽、对下更加放权"的"三放"政策为广东模式的形成奠定了精神基调。第二批主政者包括林若、谢非、李长春,谢非是其代表。他们在推动广东经济建设的同时大踏步地深化了广东市场化取向的经济改革。第三代主政者包括张德江和汪洋,汪洋是其

---

① 参见蒋斌等《敢为人先——广东改革开放30年研究总论》,广东人民出版社2008年版,第6页。
② 参见蒋斌等《敢为人先——广东改革开放30年研究总论》,广东人民出版社2008年版,第52~53页。

代表人物。他们在保持广东经济持续高速增长的同时，开始着手进行社会建设，并尝试深化某些政治行政层面的变革，力图使广东成为实践"科学发展观"的排头兵。因此，广东省三代主政者在中央领导下的前后接力为广东模式的形成提供了政治的延续性。

再次，广东模式形成于三波思想解放的过程中。第一波思想解放开展于20世纪80年代，其焦点是冲破"两个凡是"的精神枷锁。这一时期主政广东的习仲勋与任仲夷是批判"两个凡是"的先锋人物，尤其是任仲夷在先后发表的《理论上根本的拨乱反正》与《解放思想是伟大的历史潮流》两篇文章中针锋相对地批判了"两个凡是"的观点[①]，从根本上破除了"两个凡是"对广东的思想束缚。这一波思想解放为广东率先改革开放从思想上扫清了道路。第二波思想解放发生于1989年之后，其矛头指向"姓资姓社"的意识形态争论。此时主政广东的谢非以"三个敢于"为广东的思想解放定调：敢于从实际出发，以促进生产力发展为标准，摆脱不符合形势发展要求的旧观念和理论束缚；敢于借鉴和吸收人类社会创造的一切文明成果，不去人为地给它贴上"姓"什么的标记；敢于从经济发展差距看到思想认识的差距。[②] 这一波思想解放不仅为广东经济在20世纪90年代的腾飞提供了精神动力，而且为广东市场化取向的经济改革清除了思想障碍。广东思想解放的第三波在汪洋2007年主政广东后启动，其核心内容在于强调"科学发展"。2007年12月，在中共广东省委十届二次全会上，汪洋提出广东要进一步拓展解放思想的空间，以改革开放初期"杀出一条血路"的气魄，闯出一条全面落实科学发展观的新路子。总之，改革开放以来，三波前后相继、持续推进的思想解放为广东模式的形成奠定了

---

① 参见向明《改革开放中的任仲夷》，广东教育出版社2000年版，第15～18页。
② 参见陈建华《谢非与广东改革开放思想研究》，广东人民出版社2004年版，第10页。

思想基础。

最后,广东模式的形成离不开社会大众的参与和推动。"20世纪80年代,富于冒险精神的广东人抓住机遇办企业、做生意、拓展市场,获得了原始积累,冲到了全国的前列。"① 无数投入市场经济大潮中的企业家、个体户不仅是广东经济实体中的创业者,而且是新体制身先士卒的探索者,他们的创新活动汇集成了一股巨大的社会力量,不断推动经济摆脱旧有的轨迹和模式,打破原有的均衡状态,实现了新的发展。② 除了这些创业的企业家和个体户,无数进入广东打工的农民工、活跃于广东媒体中的记者以及许许多多普通的劳动者,也都是推动广东模式形成的重要力量。很难想象没有社会大众的参与和推动,所谓的广东模式如何形成。

总之,广东模式是历史的产物。除了独特的地理环境和外部机遇外,广东模式是改革开放、思想解放、精英主导、社会推动四种合力的产物。

三、广东模式的支点之一：集刚性和弹性于一体的威权体系

在丁学良建构的关于中国模式的三角关系叙述框架中,处于三角关系中顶端位置的是被称之为"核心的列宁主义"的权力架构。

---

① 周兆晴：《新粤商》,北京大学出版社2007年版,第40页。
② 参见舒元《广东发展模式——广东经济发展30年》,广东人民出版社2008年版,第174页。

总体而言，这一判断是成立的，但如果进行更为细致的分析，那么，如此把握不仅显得过于粗疏，而且失之简单。实际上，近40年来，一方面，这一权力体系的内核结构没有发生根本性的变化，依然奉行列宁主义的一党执政的基本原则，因而其内核结构保持了非常刚性的一面；另一方面，这一权力体系为适应近40年来改革开放的历史变化，已经在边层或外缘部分进行了很大的调整和变化，故其展现出了富有弹性的一面。正是这种不变的刚性结构和变动的弹性特征集为一体，构成了中国模式中的权力体系。笔者倾向于借用黎安友所说的"韧性威权"（authoritarian resilience）① 的说法，更具体地可称之为"集刚性与弹性为一体的威权体系"。由此来看，广东模式作为中国模式的典型范本，其权力体系当然具有刚性和弹性的双面性。不过，更为重要的特色在于其展现出的更多的弹性。具体来说，这种弹性集中体现在以下几个方面。

（一）权力关系的调整和松动

如果说在1978年之前中国的经济体制是经济资源高度集中的计划经济体制，那么，与此相互依存的则是权力过分集中的政治体制。邓小平曾对此做过深刻的分析："权力过分集中的现象，就是在加强党的一元化领导的口号下，不适当地、不加分析地把一切权力集中于党委，党委的权力又往往集中于几个书记，特别是集中于第一书记，什么事情都要第一书记挂帅、拍板。"② 这是从执政党的角度来观察权力过分集中的现象。如果从国家层面看，这种权力过分集中的现象体现在纵横两个维度：在纵向上，不仅权力过分集中于中央，地方缺少自主权，而且权力集中于省级权力机关，市、

---

① Nathan A J. Authoritarian Resilience. Journal of Democracy, 2003, 14 (1).
② 邓小平：《邓小平文选》（第2卷），人民出版社1993年版，第328～329页。

县以及基层缺乏自主权;在横向上,经济、社会、文化的权力过分集中于党政机关,以致政企不分、政事不分和政社不分。在严格的学术概念中,前者是集权主义,后者则是全能主义。

近40年来,广东以推动经济增长为中心目标,针对上述集权主义和全能主义实行"三权改革"——放权改革、还权改革和限权改革,实现了对权力关系的调整和松动。

(1)放权改革。放权改革涉及纵向层面,包括中央向广东的放权改革和广东省向市县的放权改革。这里集中讨论后一方面。早在20世纪80年代,随着中央向广东省放权,广东省就开始积极推动向市、县、乡、镇的放权改革。就实质而言,放权意味着给予省以下的各级地方政府更多的自主权;从层级来看,放权涉及省对地市放权、地市对县放权、县(市)对乡镇放权三个层次;从方式来看,既有财政权和审批权的下放,也有综合性的放权;① 从过程来看,广东的放权改革持续不断,一直延续到现在。例如,最近一波的放权改革集中表现为向地级市的区和乡镇放权,佛山市顺德区和汕头市濠江区等地放权改革以及在东莞、中山等地推行向乡镇下放权力的改革都可以证明这一点。

(2)还权改革。如果说放权改革涉及的是纵向层面的央地关系和省与市县的关系,改革主要针对集权主义,那么,还权改革则指向横向层面上国家权力体系与农民、企业等的关系,改革针对的是全能主义。这里以向企业还权为例来分析。在计划经济体制下,政府实际上"拿走"了属于企业的权力,企业缺乏自主权,经济发展没有活力。因此,搞活经济的关键在于权力部门向企业还权:用任仲夷的话说,这是"还给"而不是"给予"。② 在这方面,广东省

---

① 参见肖滨等《为中国政治转型探路——广东政治发展30年》,广东人民出版社2008年版,第189页。

② 参见王廉《任仲夷评传》,广东人民出版社1998年版,第40页。

的各级权力部门起步较早,动作较快,采取了各种扩大企业自主权的改革措施。① 在20世纪80年代初期与后期,广东分别出现了向企业还权、增强企业自主性的"清远经验"和"江门模式"。正是随着广东各级政府向企业逐步的还权、扩权,政府与企业开始逐步分离,企业也因此获得了属于自己的自主权。

(3) 限权改革。针对全能主义的改革不仅包括国家权力系统向农民、企业等归还自主权的还权改革,还涉及限定国家权力运作范围的限权改革。如果说限权改革是政府的自我革命,那么,行政审批制度改革就是这场自我革命中的攻坚战,是政府限权改革的重要体现。广东不仅很早就打响了这场攻坚战——早在1997年,深圳即开始对政府审批制度进行改革,而且大有将这场攻坚战进行到底的气势:从1999年至今,广东先后进行了多轮行政审批制度改革。广东推行行政审批制度改革的重要成果不仅在于减少了行政审批的事项、改变了行政审批的方式。更重要的是,通过行政审批制度改革,政府开始根据《中华人民共和国行政许可法》的规定,确立其行政权力的范围、设定其权力运作的边界。换句话说,行政审批制度改革推动了广东各级政府在依法自我限权的改革进程中向法治之下的有限政府转型。

(二) 政府角色转型

近40年来,广东权力体系的变化不仅包括上述权力关系的调整(见表6-1),而且体现为政府角色的两次转型。

---

① 参见当代广东研究会《岭南纪事》,广东人民出版社2004年版,第678页。

表6-1 权力关系调整

针对问题	改革内容	改革方式
集权主义	政府间放权	省放权于市、县、乡镇
全能主义	国家向社会还权	国家还权于企业等
全能主义	政府自身限权	行政审批制度改革等

第一次转型具体涉及两个方面。一方面,从革命/斗争型政府向经济建设型政府转型:在执政党和国家以经济建设为中心的发展战略下,随着我国制度环境的三大变化(产权地方化、财政分权以及以经济绩效作为官员晋升的主要标准),广东的各级政府官员与其他地区的政府官员一样,不仅为经济增长而竞争,而且为政治晋升而竞争(有研究者称之为"锦标赛竞争"),由此,各级地方政府很快实现了向经济建设型政府的转型。另一方面,政府从以前经济活动的计划者、控制者向市场经济规则的制定者、宏观经济的调控者、市场秩序的监管者逐步转型,这一层面的转型在广东虽然取得了很大进步,但至今尚未完全结束。

进入21世纪后,随着城乡差距的拉大、区域发展不平衡的加剧和贫富阶层的急剧分化,广东各级政府在科学发展观的引导下,开始从单纯重视经济增长的经济建设型政府向经济建设和社会建设并重、以公共服务为宗旨并承担服务责任的公共服务型政府转变。这种转变具体体现在完善政府的公共服务体系、健全公共财政制度、创新政府的公共服务流程等诸多方面。[①] 目前,向公共服务型政府的转型远未到位。

---

① 参见肖滨等《为中国政治转型探路——广东政治发展30年》,广东人民出版社2008年版,第24~25页。

（三）探索法治民主的治理机制

广东权力体系的第三个变化是在权力体系的核心结构不变的格局下，探索法治民主的治理机制，为权力体系的运作增添法治和民主的新元素。

近40年来，广东走向法治有诸多亮点，集中体现在立法、依法行政和司法几个层面。限于篇幅，这里仅以立法为例来说明。

（1）立法公开化。在广东，从制定立法规划到起草、审议立法议案，省人大常委会都事先通过省人大网站、《南方日报》或《羊城晚报》等新闻媒体向社会公开征求意见，这是立法的公开化。

（2）立法民主化。广东省人大在立法过程中采取立法听证会［这一广东首创的民主立法形式得到了全国人大肯定并被纳入《中华人民共和国立法法》（以下简称《立法法》）］、立法论坛等形式来听取、吸收公民和大众的声音，推动广大普通民众参与人大的立法活动，这是立法的民主化。

（3）立法科学化。在立法过程中，广东省人大通过聘请立法顾问制度、立法指引制度、法规起草模式多元化（委托起草、联合起草、集中起草等）、草案三次审议程序等制度安排和程序规范，推动人大立法的科学化。

（4）立法程序化。"无程序即无立法"是法治国家的重要原则。广东不仅推动立法的公开化、民主化和科学化，还不断健全立法制度，以确保立法的程序化、规范化。早在1985年，广东省人大常委会就对制定地方性法规做了暂行规定；1993年颁布了《广东省制定地方性法规规定》。2000年《立法法》颁布后，广东省以及省内的广州、深圳、珠海、汕头都分别制定了规范立法活动的地方性法规。[①] 在地方行政立法上，广东的制度建设也在不断推进。

---

① 参见刘恒《走向法治——广东法制建设30年》，广东人民出版社2008年版，第58页。

例如，广州市人民政府于 2006 年公布了《广州市规章制定公众参与办法》，这是全国首部规范公众参与行政立法工作的地方政府规章。①

近 40 年来，广东不仅从立法、行政和司法等诸多层面推进法治，而且通过多种途径大胆实验民主。在实验民主的过程中，广东不仅尝试选举民主，而且探索了其他不同形式的民主，如预算民主、协商民主、参与民主、自治民主以及网络民主；不仅在执政党之外探索民主，而且努力推进党内民主——执政党内部的民主。这里仅以预算民主和网络民主为例进行说明。

在现代政治中，预算民主集中体现为预算监督。预算监督是指人民的代议机关依法对政府的财政收支进行约束和控制。在中国，预算监督的主体是人民代表大会及其常务委员会。广东推进预算监督主要有三个特征。

一是预算监督法制化。从 1991 年深圳市人大常委会制定《深圳市人民代表大会审查和批准国民经济和社会发展计划及财政预算暂行规定》开始，到 1997 年深圳市人大常委会通过《深圳市人民代表大会审查和批准国民经济和社会发展计划及预算规定》和《深圳市人民代表大会常务委员会监督条例》，深圳基本形成了一套较为完整的预算监督法规制度。继深圳之后，广东省九届人大四次会议于 2001 年 2 月通过了《广东省预算审批监督条例》。该条例为广东省各级人大及其常委会审查、监督政府预算提供了法规依据。2005 年通过实施的《广东省政务公开条例》则规定财政预决算是必须公开的项目，这为社会公众要求政府公开预算案提供了法理依据，比《中华人民共和国政府信息公开条例》的颁布早了近 2 年。正是这些相关法规的制定为广东推进预算监督奠定了坚实的法制基

---

① 参见刘恒《走向法治——广东法制建设 30 年》，广东人民出版社 2008 年版，第 73～80 页。

础。

二是预算公开化。预算监督的重要前提是细化政府预算,使之公开化。公开化具体表现在三个维度:①公开内容。部门预算项目从"类"细化到"款""项",预算案从薄薄几页增添到厚达数百页。②公开范围。向广东省人大提交部门预算的部门逐步增多,从最初几个部门最后扩展到广东全部省级部门,预算案变成了厚重的"预算大本子",此做法为其他城市所效仿。③公开对象。预算报告由向人大代表公开到向社会公开的推进,例如,广州市财政局于2009年10月将其114个职能部门200亿的预算全部公布在政府网上,2010年广东省财政厅首次将省人大通过的省级一般预算收支表等向社会公开;政府预算的公开、透明为人大代表和社会公众有效质询、监控政府预算提供了条件。

三是监控技术化。这是指信息技术被运用于预算监督。早在2004年,广东省人大财经委员会与省财政厅国库集中支付系统就已经实现网络连接,广东省所有省级一级预算单位与部门二级预算单位都被纳入该系统,在此基础上,广东省着手在全省的地级市建立"实时在线财政预算监督系统"。目前,这一监督系统已经基本上在广东省铺开。此外,从2009年起,广东重点推进全省地级以上市审计与财政预算信息联网工作。现代信息技术在预算监督中的运用有力地提高了人大预算监督的能力。

以网络问政为主要表现形式的网络民主是广东民主实践中继预算民主之后一个新的进路。如果说预算监督的作业空间是人大及其常委,那么,网络问政则以互联网为操作平台,进行"官民信息的双向平等交流交换"。① 从实质看,网络问政其实是网络民主的典型形式。其民主性质集中体现在公民与政府之间的双向互动:一方面是公民向政府问政,这是公民对政府的监督、批评、问责,在一

---

① 参见南都报系网络问政团队《网络问政》,南方日报出版社2010年版,第196页。

定意义上，它属于约翰·基恩所说的监督式民主（monitory democracy）；① 另一方面是政府向民众问政，即政府通过问（问策问讯于民）、答（答复民众）、办（办理落实）、督（督促政府部门落实）四个环节向民众做出回应，这是政府走向民主治理的重要表现。近年来，广东省的网络问政一直走在全国前列。广东省的主要领导非常重视网络的运用，时任中共广东省委书记汪洋与网友见面交流4次，并且多次就重大问题听取网友意见。仅就奥一网设置的网络问政平台来看，截至2011年7月15日，汪洋就收到网民信件80661封。在领导人物的重视和示范之下，广东省各级党委和政府不仅在政府网站上而且同时与重要的媒体（如奥一网、大洋网、金羊网等）合作建设网络问政平台，接受网民的问政。据广东经济和信息委员会的统计，2010年1月—8月，21个地级以上市的市政府网站收到网络问政件数量达80多万件，较2009年增加了300%以上，答复率为92.7%；40个省直部门网站收到网络问政件数量达14多万件，较2009年增长了13.4%，答复率为91.3%。② 在建设网络问政平台的同时，广东省各级党委和政府推动"网络问政"的制度化，已经发展出网络发言人制度、交办会制度、网民论坛制度、公仆信箱制度、各负其责分级管理制度、限期办结制度、督办制度等，这些制度为网络问政的常态化、规范化提供了保障。由此，广东网络问政在政府与社会之间构筑了一个新的对话连线机制，既是公民参与公共决策、监督政府、问责官员、维护权益的平台，同时也是政府了解民情、汇集民智的"智慧库"，成为广东民主实践的新亮点。

从上述变化可以看出，以列宁主义的核心原则为基础的权力体

---

① 参见 Keane J. The Life and Death of Democracy. Simon & Schuster, UK Ltd, 2009.
② 参见徐少华《徐少华在第五次网友集中反映问题交办会的讲话》，见 http://wen.oeeee.com/a/20110223/969889.html。

系尽管没有实质性的结构变化，依然保持对权力资源的高度掌控，其结构依然非常刚性。但是，通过上述调整，其权力体系已经具有较强的弹性。这种刚性与弹性相结合的权力体系带来了独特的政治—经济效应：一方面，其权力体系的刚性结构强化了政治权威，从而确保了经济增长需要的政治稳定和社会秩序，这是其政治效应；另一方面，其权力体系的弹性调整不仅扩展了个人自由空间，增强了社会活力，而且把市场释放了出来，这是其经济效应。这种政治—经济效应对于广东经济增长而言具有双重意义：它一方面促进了政治体制成功地由经济增长阻碍型演变为经济增长支持型①；另一方面，它极大地推动、扩展了广东的经济自由，从而激发了广东经济增长的活力："政府把权力放回给企业，放回市场，也是放回社会和放回给社会公民。改变了传统的社会资源行政权力垄断，整个社会经济活动行政化和政治化的经济体制，也就必然改变政府与企业、政府与市场、政府与社会及公民的政治关系，促进民间经济与社会的形成，产生利益多元化，得到经济活动上的自由。"②

如果勾画这一集刚性与弹性为一体的威权体系在广东近40年来的运行轨迹，我们就会发现，它其实是在改革与开放、发展与稳定、经改与政改、中央与地方、政府与市场、守成与创新之间艰难地寻求平衡。如果归纳其平稳而有效运行的经验，特别值得强调的至少包括四点。③

（1）平衡国家权力与地方权力。在中央—地方权力关系上，广东既维护国家之统一、中央之权威，同时又努力向中央争取相对的地方自主权，尽量把中央和地方的两个积极性都发挥出来。

---

① 参见张军《中国增长的政治学》，见 http://www.eeo.com.cn/2007/0428/59980.shtml。
② 曾牧野：《转型广东经济改革与发展》，广东经济出版社2000年版，第441页。
③ 参见肖滨等《为中国政治转型探路——广东政治发展30年》，广东人民出版社2008年版，第37～38页。

（2）寓政治改革于经济改革之中。在以经济发展为中心的战略框架下，广东的改革以经济改革为主攻方向，不脱离经济改革孤立地进行政治改革，而是把政治改革与经济改革交织于一体，在经济改革中渗透政治改革，从而使政治改革为经济增长提供活力，以促进经济的快速增长。

（3）政府角色随着市场经济的发展和社会发展的要求转型：在政府角色与市场经济、社会发展的关系上，广东持续不断地进行政府机构改革、转变政府职能、调整政府角色，以适应市场经济的发展和社会进步的要求。

（4）持续不断地探索法治与民主的治理机制，把法治民主的元素一点一滴地植入地方治理结构之中。

但是，近40年来，一方面，由于政治改革力度总体不够，权力集中或垄断的基本格局没有发生结构性改变，导致这种集刚性与弹性为一体的韧性威权体系内部存在紧张性；另一方面，由于法治与民主的制度化水平还不高，法律难以真正驯服被高度垄断着的权力，而民众对权力的监督和制约又缺乏有效的途径，这使得权力没有受到真正有效的来自公民和社会的制约和监督。由此，社会不可避免地要为之付出代价，其中最大的代价就是腐败问题。虽然，广东在反腐方面做了很大的努力，也取得了不俗的成绩，但反腐败任务仍然面临严峻的挑战。党的十八大以来，广东各级纪检监察机关共立案49000多件，是前5年立案数的2倍；查处地厅级干部456人，是前10年查处数的1.5倍。查处的省管干部覆盖了全省21个地市，各地市查处的市管干部基本覆盖所辖县（市、区）。另外一组数据更表明广东腐败事态依然严峻，2016年1—11月，广东各级纪检监察机关共立案15513件，同比上升17.2%，其中涉及地厅级干部135人（正厅级52人），处级干部829人；给予党纪政纪处分13232人，同比上升39.6%。自办案件数和全省立案、处分地厅级干部数均位居全国前列。① 在官员腐败中，广东"一把手"腐败情况尤其严重：就典型案件而言，近年来有陈绍基案、深圳市市长许宗衡案、罗荫国案、朱明国案以及万庆良案等；从数量看，"一把手"腐败在广东官员腐败中占据很高比例。这固然有各种复杂的原因，但其中最重要的就是权力高度垄断所形成的刚性结构。因为在整个中国即使是反腐败的权力和渠道也"是处于被垄断的状态，社会和民间缺乏独立自主的制约公共部门预算花费、消除腐败行为的常规的宽广的制度化通道"②。从这一角度来看，广东模式作为中国模式的典型范本，其刚性与弹性并存的威权体系虽然有其巨大的经济发展成效，也有其在复杂的网络中平衡运行的成功经验，但如何通过深化政治改革以建立有效防治腐败的制度框架确实是这一威权体系有待解决的时代难题之一。

四、广东模式的支点之二：双重主导的经济发展方式

丁学良把"政府管制的市场经济"视为中国模式铁三角的三个支点之一。其实，如果换一种说法，所谓"政府管制的市场经济"在一定意义上也就是政府主导的市场经济。作为中国模式的广东范本，在总体意义上，广东模式当然也不例外。不过，除了政府

---

① 参见《广东纪检监察机关去年前11月立案15513件，受理信访举报量下降10.8%》，见 http://news.southcn.com/gd/content/2017-01/07/content_163217622.htm。

② 丁学良：《辩论"中国模式"》，社会科学文献出版社2011年版，第134页。

主导或管制的市场经济,广东模式在经济层面还有另外一个重要特点,即外部要素主导的外向型经济。如果把这两种特征概括起来说,笔者倾向于称之为"双重主导的经济发展方式"。

这种"双重主导的经济发展方式"是在近40年改革开放的历史进程中形成的。

从对内改革的历史来看,广东比全国先行一步的基本特征之一就是率先启动经济体制改革,从计划经济体制逐步向市场经济体制转型。早在20世纪80年代,广东即利用中央给予的特殊政策,明确规定"以市场调节为主",在全国率先引入市场机制,进行以市场为突破口的改革:不仅在生产领域以市场逐步取代计划调节,在流通领域打破统购包销格局,而且全面推动价格改革、所有制与产权改革、培育和发展市场体系。在构建市场经济上,广东先行一步的结果主要体现在两大方面。一方面,广东的市场体系比较完善。经过20世纪90年代的改革和发展,广东已建立起比较完善的市场体系,形成了几个特点:①多元化、多层次平等竞争的市场格局;②商品市场的国际化程度较高;③市场功能完善,对外辐射能力强;④市场机制发挥作用广泛。[①] 另一方面,从全国的范围来看,广东的市场化程度综合排名相对其他省份长期居于全国前列。由表6-2可知,在2003年以前,广东市场化的综合排名一直居于全国首位,在此之后,才为其他一些省市超过。例如,2014年,广东综合排名第四,仅落后于浙江、上海、江苏三省市。[②] 故此,有学者呼吁,广东需要"吸取'浙江模式'的经验,给予企业更多的经济自由"[③]。

[①] 参见张思平《体制转轨:广东90年代的改革》,广东人民出版社2003年版,第96页。

[②] 参见王小鲁、樊纲、余静文《中国分省份市场化指数报告(2016)》,社会科学文献出版社2017年版,第5页。

[③] 黄亚生:《"中国模式"到底有多独特?》,中信出版社2011年版,第137页。

表6-2 广东省在市场化各方面指数和分项在全国的排名情况

类别\年份	2000	2002	2003	2004	2006	2008	2010	2012	2014
总排序	1	1	3	3	3	4	4	5	4
1. 政府与市场的关系	3	4	3	3	1	9	3	3	2
1a. 市场分配经济资源的比重	11	7	7	7	6	2	2	1	1
1b. 减少政府对企业的干预	2	3	2	1	1	11	5	5	3
1c. 缩小政府规模	9	15	15	15	10	13	7	7	4
2. 非国有经济的发展	2	2	2	2	3	3	3	3	2
2a. 非国有经济在工业企业主营业务收入中所占比例	2	2	3	3	3	4	4	4	4
2b. 非国有经济在全社会固定资产总投资中所占比例	3	1	2	4	3	6	12	6	6
2c. 非国有经济就业人数占城镇总就业人数的比例	2	2	2	3	3	3	3	5	4
3. 产品市场的发育程度	1	1	2	1	3	2	2	2	3
3a. 价格由市场决定的程度	2	2	2	4	6	3	3	3	3
3b. 减少商品市场上的地方保护	1	1	1	1	1	1	1	1	2
4. 要素市场的发育程度	1	2	5	6	5	8	7	10	11
4a. 金融业的市场化	7	3	3	3	4	3	3	4	3
(4a1) 金融业的竞争	7	6	6	3	6	9	11	11	12

续表6-2

类别\年份	2000	2002	2003	2004	2006	2008	2010	2012	2014
（4a2）信贷资金分配的市场化	15	2	2	2	2	2	2	3	3
4b.人力资源供应条件	N/A	N/A	N/A	N/A	N/A	22	24	23	25
（4b1）技术人员供应情况	N/A	N/A	N/A	N/A	N/A	20	24	22	18
（4b2）管理人员供应情况	N/A	N/A	N/A	N/A	N/A	9	11	13	14
（4b3）熟练工人供应情况	N/A	N/A	N/A	N/A	N/A	29	24	26	27
4c.技术成果市场化	3	8	8	11	6	5	7	7	8
5.市场中介组织的发育和法律制度环境	1	2	2	2	3	5	5	6	5
5a.市场中介组织的发育	6	5	7	5	5	4	9	5	3
（5a1）律师、会计师等市场中介组织服务条件	5	4	4	4	3	3	5	7	2
（5a2）行业协会对企业的帮助程度	12	8	8	7	5	5	15	8	4
5b.维护市场的法制环境	N/A	N/A	N/A	N/A	N/A	10	11	15	7
5c.知识产权保护	1	2	2	2	2	4	5	5	4

注："N/A"表示无相关信息。
数据来源：根据樊纲等《中国市场化指数：各地区市场化相对进程2009年报告》与王小鲁、樊纲等《中国分省份市场化指数报告（2016）》整理。①

---

① 参见樊纲、王小鲁、朱恒鹏《中国市场化指数：各地区市场化相对进程2009年报告》，经济科学出版社2010年版；王小鲁、樊纲、余静文《中国分省份市场化指数报告（2016）》，社会科学文献出版社2017年版。

不过，尽管广东的市场化程度在全国总体排在前列，但是在上述产权地方化、财政分权和以经济绩效为官员晋升标准的任命制等制度背景下，"政府发展地方经济的冲动和地区间的经济竞争，导致广东的市场经济本质上仍然是政府市场经济，而非自由市场经济"①。这种政府市场经济的重要表现就是政府扮演发展型政府的角色，成为地区经济发展的主体，在很大程度上政府代行"企业家的职责，主导了市场资源的配置"②，由此形成政府主导型经济，即地方政府不仅充当了地方经济的决策者，而且借助行政、经济的力量，调动行政区域的人力、物力、财力，根据地方经济发展目标兴办经济实体，配置社会资源，决定资金的流向。③ 因此，广东的市场经济还不是成熟的现代市场经济。如果对照现代市场经济的要求，广东市场经济体制的完善仍然还有很长的路要走。比如，广东的要素市场（包括资本、劳动力、土地等在内）还很不完善，行政垄断、不正当竞争、政府对市场的越位操作以及政企关系还没有彻底理顺等现象在广东仍然广泛存在，支撑现代市场经济体系的社会信用体系和法治秩序还没有真正建立起来。④

从对外开放的历史来看，广东经济发展的一个基本特征是以外向为主。这种以外向为主的发展模式的形成得益于"天时、地利、人和"诸多条件的聚合：20世纪70年代末至80年代初，世界产业转移尤其是香港产业转移和中央向广东放权、给予其特殊政策为广

---

① 温铁军：《解读珠三角：广东发展模式和经济结构调整战略研究》，中国农业科学技术出版社2010年版，第2页。

② 温铁军：《解读珠三角：广东发展模式和经济结构调整战略研究》，中国农业科学技术出版社2010年版，第20页。

③ 参见舒元《广东发展模式——广东经济发展30年》，广东人民出版社2008年版，第97页。

④ 参见汤萱《广东经济发展阶段与发展模式研究——基于四个维度的判断》，载《广东商学院学报》2009年第4期；梁炜、任保平《中国经济发展阶段的评价及现阶段的特征分析》，载《数量经济技术经济研究》2009年第4期。

东经济发展带来了难得的历史机遇,此为"天时";广东地处沿海,比邻港澳,区位条件良好,是为"地利";创业者勇于开拓、锐意改革,劳动者(尤其是大量进入广东的外来工)辛劳作业、艰苦奋斗,构成"人和"。① 正是在以上"天时、地利、人和"各种优势条件之下,广东开放大门,开始以"三来一补"(来料加工、来样制作、来件装备、补偿贸易)企业、后来以"三资企业"(合资经营、合作经营和独资经营企业)为载体,大力吸引来自香港、澳门地区以及世界其他发达地区的外资,使之与本地土地要素和国内丰富廉价的劳动力链接、组合起来,从而"逐渐形成了广东现在的对外部要素、资源高度依赖,对外部市场也高度依赖的外源型经济"②。这种外部要素主导的经济不仅对外部依赖性高,例如,2006年广东省的进出口总额为5272.24亿美元,贸易依存度为150%,而且其产业以低端加工制造业为特征、自主技术少、资源消耗破坏多,具有粗放型经济的特征。因此,"广东省现有的经济发展模式,简言之,就是集粗放型与外源主导型于一身"③。

近40年来,在市场化改革取向下,广东经济依照上述"双重主导的经济发展机制"运行,客观上形成了正反两方面的后果:一方面,广东经济飞速成长,取得了举世瞩目的巨大成就;另一方面,广东也为如此的经济增长付出了沉重的代价,留下了许多经济社会问题或者说很大的后患。如果说,对前者人们已经耳熟能详,无须多言,那么,对后者却需要略加分析,以更好地反思广东模式。概言之,这些代价或后果集中表现为生态环境受到破坏、劳工

---

① 参见蒋斌等《敢为人先——广东改革开放30年研究总论》,广东人民出版社2008年版,第10~12页。
② 温铁军:《解读珠三角:广东发展模式和经济结构调整战略研究》,中国农业科学技术出版社2010年版,第48页。
③ 温铁军:《解读珠三角:广东发展模式和经济结构调整战略研究》,中国农业科学技术出版社2010年版,第103页。

（尤其是外来务工人员）权益严重受损、三大差别（区域差别、城乡差别、贫富差别）严峻。限于篇幅，这里只略述其中一二。

广东集外源主导型与粗放型于一体的经济发展方式带来的一个直接后果是外来务工人员的权益严重受损。这种权益受损是双重的。一方面，在工厂里，他们的权益得不到保障。以2005年的一项调查为例，珠江三角洲地区（以下简称"珠三角地区"）外来务工人员工资待遇低，月平均工资仅926.18元；工作时间长，日平均工作时间接近10个小时；缺乏社会福利和社会保障，享有病假工资、产假工资、带薪休假的分别只有23.1%、11.3%、19.1%，享有工伤保险、医疗保险、养老保险的分别只有43.8%、21.3%、14.3%；同时，外来务工人员也常受到制度性歧视，权利常常遭到侵犯，其中被管理人员殴打、被搜查、被怀疑偷窃、被关押的分别达到2%、8.7%、5.3%、1.8%，在上班时不允许喝水、上班时不允许上厕所、限定吃饭时间的分别达到4.1%、3.9%、51.4%。①外来务工人员在工厂里的待遇差、权益屡遭侵犯，加剧了广东劳资关系的紧张性，深圳的富士康"十三连跳"事件在一定意义上就是劳资矛盾的一个缩影。另一方面，在城市里，外来务工人员的权益同样受到了损害。由于户籍以及各种地方性政策，从外省输入的外来务工人员与广东的本地人形成两个相对隔离的社区，即"二元社区"。在"二元社区"下，外来务工人员无论是在收入分配、职业分布上，还是在聚居方式、消费水平上，与本地人相比都处于劣势。②"二元社区"不仅导致外来务工人员与本地人的冲突矛盾，而且给政府的社会管理带来了很大的挑战。

在这种外源型主导的经济下，不仅外来务工人员的权益严重受

---

① 参见万向东、刘林平《"珠三角与长三角外来工比较研究"调查报告之一：流动、打工、生活与外来工权益状况》，载《珠江经济》2007年第4期。
② 参见周大鸣等《告别乡土社会——广东农村发展30年》，广东人民出版社2008年版，第316页。

损,而且广东内部的三大差别(区域差别、城乡差别、贫富差别)也非常严峻。

(1)区域差异。广东省的国内生产总值常年居全国第一,但是广东省的地区之间的生产总值差距非常大,珠三角地区和广东省的东翼、西翼、山区之间的国内生产总值差距悬殊。2000年珠三角地区国内生产总值占全省比重的75.22%;从2005年开始到2013年,珠三角所占的比例都超过79%以上;在2014年稍稍有所下降,回落至78.84%。然而,东翼、西翼、山区加起来才20%左右,三个地区平均只占全省国内生产总值的6%~7%(见图6-1、表6-3)。在人均国内生产总值方面,珠三角与其他三个地区之间的差距同样悬殊。以2014年为例,珠三角地区的人均国内生产总值已经突破1万元的临界点,达到了100448元,而东翼、西翼、山区分别只有29393元、36770元、28047元,珠三角地区的人均国内生产总值分别是后三者的3.42倍、2.73倍和3.58倍。(见图6-2)

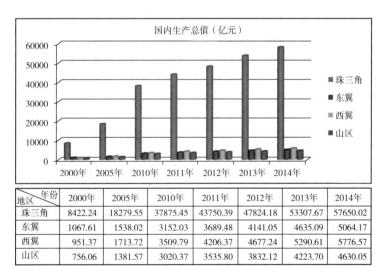

年份 地区	2000年	2005年	2010年	2011年	2012年	2013年	2014年
珠三角	8422.24	18279.55	37875.45	43750.39	47824.18	53307.67	57650.02
东翼	1067.61	1538.02	3152.03	3689.48	4141.05	4635.09	5064.17
西翼	951.37	1713.72	3509.79	4206.37	4677.24	5290.61	5776.57
山区	756.06	1381.57	3020.37	3535.80	3832.12	4223.70	4630.05

图6-1 广东省各地区国内生产总值

表6-3 广东省各地区GDP占全省GDP的比值（%）

年份 地区	2000年	2005年	2010年	2011年	2012年	2013年	2014年
珠三角	75.22	79.78	79.64	79.28	79.08	79.03	78.84
东翼	9.53	6.71	6.63	6.69	6.85	6.87	6.93
西翼	8.50	7.48	7.38	7.62	7.73	7.84	7.90
山区	6.75	6.03	6.35	6.41	6.34	6.26	6.33

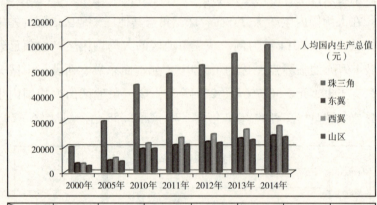

年份 地区	2000年	2005年	2010年	2011年	2012年	2013年	2014年
珠三角	20280	40336	69002	77689	84434	93548	100448
东翼	7294	9729	18829	21792	24327	27070	29393
西翼	7099	11608	23060	27446	30231	22908	36770
山区	534	8838	18872	21882	23530	25745	28047

图6-2 广东省各地区人均国内生产总值

（2）城乡差距。改革开放以来，广东省的城乡的收入都有较大幅度的增长。从1978年到2014年间，广东的城镇人均可支配收入增长了78倍，农村人均纯收入则增长了63.4倍；到2014年，广东的城镇人均可支配收入达到32148.11元，农村人均纯收入达到12245.56元，但是城乡差距也在不断扩大（见图6-3、表6-4）。

从图 6-3、表 6-4 中我们可以看到，广东省城乡人均收入比从 1978 年的 2.13∶1 到 2014 年的 2.63∶1，在过去的 1978 年到 2010 年期间城乡人均收入比一直保持上升趋势，城乡收入比在 2005—2007 年间达到最高的 3.15∶1。即使从 2011 年起的城乡人均收入比呈不断回落趋势，但城乡人均收入比差距仍然高于 2.5∶1。与此同时，城乡之间的恩格尔系数也在 20 世纪 90 年代开始拉开差距，到 2014 年城镇的恩格尔系数为 33.2，而农村的恩格尔系数则依然高达 39.5（2013 年农村的恩格尔系数为 42.1）。

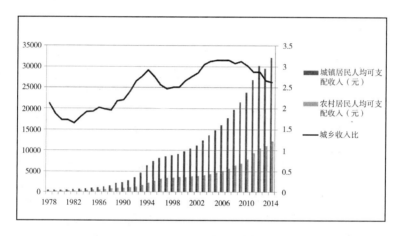

图 6-3　广东省 1978—2014 年间城乡人均收入情况

表 6-4　广东省 1978—2014 年间城乡人均收入情况

类别 年份	城镇居民人均可支配收入（元）	城镇居民人均可支配收入增长率（环比）	农村居民人均可支配收入（元）	农村居民人均可支配收入增长率（环比）	城乡收入之差（元）	城乡收入比
1978	412.13	1	193.25	1	218.88	2.13
1979	416.33	1.0101	222.72	1.1525	193.61	1.87
1980	472.57	1.1350	274.37	1.2319	198.20	1.72

续表6-4

类别 年份	城镇居民人均可支配收入（元）	城镇居民人均可支配收入增长率（环比）	农村居民人均可支配收入（元）	农村居民人均可支配收入增长率（环比）	城乡收入之差（元）	城乡收入比
1981	560.69	1.1864	325.37	1.1859	235.32	1.72
1982	631.45	1.1262	381.79	1.1734	249.66	1.65
1983	714.20	1.1310	395.92	1.0370	318.28	1.80
1984	818.37	1.1459	425.34	1.0743	393.03	1.92
1985	954.12	1.1659	495.31	1.1645	458.81	1.93
1986	1102.09	1.1551	546.43	1.1032	555.66	2.02
1987	1320.89	1.1985	662.24	1.2119	658.65	1.99
1988	1583.13	1.1985	808.70	1.2212	774.43	1.96
1989	2086.21	1.3178	955.02	1.1809	1131.19	2.18
1990	2303.15	1.1040	1043.03	1.0921	1260.12	2.21
1991	2752.18	1.1950	1143.06	1.0959	1609.12	2.40
1992	3476.70	1.2633	1307.65	1.1440	2169.05	2.66
1993	4632.38	1.3324	1674.78	1.2808	2957.60	2.77
1994	6367.08	1.3745	2181.52	1.3026	4185.56	2.92
1995	7438.68	1.1683	2699.24	1.2373	4739.44	2.76
1996	8157.81	1.0967	3183.46	1.1794	4974.35	2.56
1997	8561.71	1.0495	3467.69	1.0893	5094.02	2.47
1998	8839.68	1.0325	3527.14	1.0171	5312.54	2.51
1999	9125.92	1.0324	3628.93	1.0289	5496.99	2.51
2000	9761.57	1.0697	3654.48	1.0070	6107.09	2.67
2001	10415.19	1.0670	3769.79	1.0316	6645.40	2.76
2002	11137.20	1.0693	3911.91	1.0377	7225.29	2.85

续表6-4

类别\年份	城镇居民人均可支配收入（元）	城镇居民人均可支配收入增长率（环比）	农村居民人均可支配收入（元）	农村居民人均可支配收入增长率（环比）	城乡收入之差（元）	城乡收入比
2003	12380.40	1.1116	4054.58	1.0365	8325.82	3.05
2004	13627.65	1.1007	4365.87	1.0768	9261.78	3.12
2005	14769.94	1.0838	4690.49	1.0744	10079.45	3.15
2006	16015.58	1.0843	5079.78	1.0830	10935.80	3.15
2007	17699.30	1.1051	5624.04	1.1071	12075.26	3.15
2008	19732.86	1.1149	6399.77	1.1380	13333.09	3.08
2009	21574.72	1.0933	6906.93	1.0792	14667.79	3.12
2010	23897.80	1.1077	7890.25	1.1424	16007.55	3.02
2011	26897.48	1.1255	9371.73	1.1878	17525.75	2.87
2012	30226.71	1.1238	10542.84	1.1250	19683.87	2.87
2013	29537.29	0.9771	11067.79	1.0498	18469.50	2.67
2014	32148.11	1.0884	12245.56	1.1064	19902.55	2.63

（3）贫富差距。广东省不仅城乡差距大、区域差距大，贫富差距也非常大。《2010胡润财富报告》显示①：广东地区千万富豪达145000人，其中亿万富豪8200人，该人数在全国排名第二。十亿富豪达213人，居全国第一。千万富豪人数占全国千万富豪总数的近17%，亿万富豪人数占全国亿万富豪总数的近15%。平均财富47.5亿元，财富达到10亿的前213位富豪总资产达到10122亿元，占2010年广东省GDP的22%。而另一方面，到2010年，广东全

---

① 参见《2010年胡润广东地区财富报告》，见http://www.hurun.net/zhcn/NewsShow.aspx?nid=22。

省还有 70 万户 316 万农村贫困人口,占全省农村人口的 6.14%,高于全国 4.6% 的贫困发生率。特别是还有 200 多万户农民居住在危房和茅草房中,有 3409 个村年人均收入低于 1500 元。可见,广东省的贫富差距异常悬殊。就连时任中共广东省委书记汪洋也承认:"全国最富的地方在广东,最穷的地方也在广东。到现在这个发展阶段,最穷的地方还在广东,这是广东之耻,是先富地区之耻。"①

这种辉煌成就与巨大代价并存的结果不仅为广东经济发展方式如何转变以及整体上如何评判广东模式提供了很大的讨论空间,而且从理论上引出了对中国经济改革基本取向的激烈争辩。这些争辩涉及对上述问题与成就根源的不同判断,集中体现在彼此相互关联的两个方面:一方面,从存在问题之根源来看,包括广东在内的中国经济发展过程中出现的各种经济社会问题(如上述三大差别等)究竟是市场经济惹的祸,还是因缺乏与市场经济相适应、相配套的政治社会改革以致市场经济不健全、不成熟带来的结果?另一方面,就巨大成就之缘由而言,包括广东在内的中国近 40 年来经济增长的奇迹究竟源于在改革开放中市场经济的引入对经济活力的释放,还是源于政府对市场经济的强势主导、行政管制?② 对此问题的不同回答,直接决定了对广东模式之经济层面的把握。

在我们看来,广东在经济发展中的一项成功经验就是,坚持改革开放的基本路线,不断破除计划经济的束缚,推进市场化改革。很难想象,如果广东没有在 20 世纪 90 年代通过市场化改革搭建起市场经济的基本制度框架,广东能实现近 40 年持续的经济增长。因此,广东在发展过程中出现的上述各种经济社会问题不是市场经

---

① 汪洋:《全国最穷的地方还在广东是广东之耻》,见 http://news.xkb.com.cn/guangzhou/2010/0331/52905.html。

② 参见吴敬琏《呼唤法治的市场经济》,生活·读书·新知三联书店 2007 年版,第 105～123 页。

济惹的祸,而是根源于政府主导的市场经济以及在此体制下集外源主导型和粗放型于一体的经济发展方式。从这一角度来看,无论着眼于经济的可持续性发展,还是致力于社会公平的实现,广东在经济层面不可避免地需要进行两大转型:一是经济增长方式从外源型经济向内源型经济的转型,二是从政府主导的市场经济向以法治为基础的社会主义市场经济转型。以法治为基础,意味着把市场建立在制度规则的基础之上,以法律规则约束掌握公权力的政府和市场中的各种经济主体;社会主义则着眼于平衡效率与公平、以公平正义作为价值导向。而这两大转型在很大程度上依赖于第三大转型——政府自身转型:政府通过自身改革实现从经济增长型政府向公共服务型政府转型。之所以如此,理由在于两个方面。一方面,经济增长方式从外源型经济向内源型经济的转型需要增强广东内生需求以减少对外源要素的依赖,而内生需求的培育离不开政府的作为,它不仅要求政府通过公平的分配以缩小贫富差距,而且需要政府提供良好的社会保障;另一方面,从政府主导的市场经济向以法治为基础的社会主义市场经济转型更直接要求政府自身的改革,因为"政府作为事实上的企业家而推行的政府市场经济,已经将政府推到了发展和改革机制的关键位置——即所谓的'成也政府,败也政府'"[①]。

虽然最近的一些迹象表明,广东已经开始了其转型之旅,但这不仅是一次艰难的转型,同时也是一次极为复杂的转型。如上所言,经济增长方式的转型必然涉及政府转型,而政府转型的实质是国家治理体系的转型。在这一方面,广东和全国一样,未来还有很长的路要走。

[①] 温铁军:《解读珠三角:广东发展模式和经济结构调整战略研究》,中国农业科学技术出版社2010年版,第22页。

五、广东模式的支点之三：
参差不齐与非平衡的社会体系

在丁学良建构的中国模式的分析框架中，与政治、经济并立的社会支点是确立社会秩序的社会控制。毫无疑问，社会控制下的社会秩序是"社会"中的重要元素，但可能不是全部。因为，在现代性的国家、市场和社会三分架构的格局下，"社会"呈现的面孔不是单一的，而是复杂多元的。其至少包括三副面孔：一是通过社会控制或社会管理所达成的，以和谐的社会关系为基本特质的社会状态，这是一个有序的社会，其对立面是社会失序；二是为了应对风险（尤其是来自市场的风险），以落实公民的社会权利为指向，依靠福利国家或社会政策所建立的一个有社会保障的社会，是为有保障的社会；三是介于市场与国家之间的主要由民间志愿性社团等组成的市民社会。[①] 正是基于对现代意义之"社会"的如此理解，笔者把广东模式的第三个支点看成一个由社会秩序、社会保障、社会建设三个板块组成的社会系统；由于这三个板块分别处于不同的发展阶段和呈现出了长短不一的现实格局，因而这是一个参差不齐与非平衡的社会体系。

---

① 参见 Cohen J, Arato A. Civil Society and Social Theory. MIT Press, 1992.

（一）社会秩序：从控制到管理

在社会层面，丁学良认为中国模式中有一套"具有中国特色的社会控制系统"，它由正规的国家机器（专业化的控制部门）、执政党和共青团、工作单位和居委会以及高科技的控制系统组成。这套社会控制系统在广东当然存在。不过，它不仅具有中国特色，而且在一定程度上具有广东特色。在笔者看来，社会控制系统的广东特色在近期的一个集中表现是，自2009年开始，广东在全省建立的镇街综治信访维稳中心。这是广东面对其经济社会转型期间因地区发展差异巨大、外来人口众多、社会结构失衡、民众利益诉求日趋活跃等各种因素导致的错综复杂的社会矛盾、成本高昂的维稳任务，探索如何从简单僵硬的社会控制或维稳转向标本兼治的社会管理的一次尝试性的实验。笔者以此为例来分析广东社会控制体系的特色与走向。

从2009年上半年开始，为了有效缓解社会矛盾，维护社会稳定，广东省在全省1600多个镇（街道）全面建立了综治信访维稳中心，尝试使用一种新机制来走出以往僵硬的社会控制方式。与传统的信访、维稳机制相比，镇（街道）综治信访维稳中心不仅以其权威的强化[①]、资源的整合[②]为特征，而且集化解矛盾、维护稳定、管理社区、服务民众四大功能于一体。简略地分析这四大功能将有

---

① 综治信访维稳中心由镇街党（工）委书记兼任社会治安综合治理委员会（以下简称"综治委"）主任，副书记兼任社会治安综合治理委员会办公室（以下简称"综治办"）主任和中心主任，专职副主任主持日常工作，派出所所长、司法所所长、信访办主任等兼任中心副主任；中心享有工作任务分流指派权、工作力量指挥调度权、工作进展检查督办权、干部绩效考核奖惩和"一票否决"建议权共五大权力。

② 综治信访维稳中心由综治、信访、公安派出所、司法所、法庭等基本部门和包括民政、城建、城管、劳动、房管、交通、安监、工会、团委、妇联等协作部门共同组成，具有资源整合的明显优势。

助于我们把握其特色。

（1）化解矛盾："大调解"的疏导机制。广东镇（街道）综治信访维稳中心在组织结构上以司法所为基础，在功能定位上把化解基层矛盾纠纷作为首要任务，按照"一个窗口服务群众、一个平台受理反馈、一个流程调解到底、一个机制监督落实"的要求操作，[①] 实行如图6-4所示的"三大调解"（人民调解、行政调解、司法调解）有序联动、依次衔接的"扇形"调解机制。

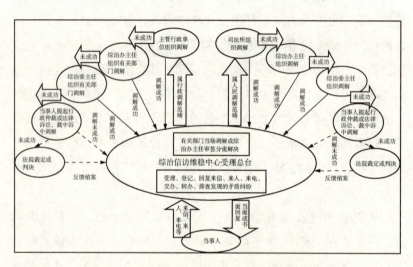

图6-4　综治信访维稳中心"扇形"调解机制

资料来源：据广州市某区某街综治信访维稳中心提供的图片绘制。

在这种"扇形"调解机制中，作为诉讼外调解的人民调解和行政调解先行，由综治信访维稳中心的司法所和主管行政单位分头实施、层层推进；如果人民调解和行政调解不成功，则在当事人提起的行政仲裁或法律诉讼中进行司法调解（即图6-4中简称的"裁中诉中调解"），由此，人民调解和行政调解进入诉讼内的司法调解

[①] 参见孙春英等《整合综治维稳资源实现1+1>2效能》，载《法制日报》2009年11月10日。

阶段；如果司法调解仍不成功，最后就由法院裁定或判决。这一"扇形"调解机制的意义不仅仅在于通过"三大调解"（人民调解、行政调解、司法调解）的联动、衔接把群众性的自治行为（人民调解）、政府的行政管理行为（行政调解）和国家审判机关即人民法院的司法行为在形式上集为一个有机的整体。其更重要的价值在于两个方面：一方面，通过"三大调解"联动化解矛盾，其取向是疏导，而不是压制；另一方面，它铺设了化解社会矛盾的基本轨迹——从民众的自主解决、政府的行政决定最终到法院的司法裁定或判决，而以法院的司法裁定或判决作为最终环节将有利于把社会矛盾的化解引入法治化的轨道。从化解社会矛盾的长期战略来看，这两个方面的价值也许是"大调解"机制中蕴含的最大亮点或创新之处。

（2）维护稳定："大综治"的防控框架。广东镇街综治信访维稳中心由综治办牵头，其承担的另一项重要功能是在化解社会矛盾的基础上，通过构建"大综治"的防控框架，将"打、防、管、控"联动为一体，以维护社会秩序、确保社会稳定。在这种"大综治"的防控框架中，有几个值得注意的节点：①立体监控。镇街综治信访维稳中心不仅直接对管辖区域内的重要纠纷隐患、治安乱点、舆情动态进行监控，而且在基层设立综治维稳信息联络员，将综治维稳的监控触角向下延伸，同时，依靠治安监控摄像头（目前已在广东全省各地共建成100余万个）进行数字化的视频监控。②联手作业。在矛盾纠纷联合调处的基础上，实行社会治安联合防控、重点工作联勤联动、突出问题联合整治、基层平安联合创建、流动人员联合管理服务的"五联作业"。③重点整治。对出租屋、机动车、网吧等场所进行重点整治，从源头上消除各种治安隐患。④帮教管控。对服刑在教人员、刑满释放解教人员、社会闲散人员等人群采用常态化的帮教管控机制，把管控工作与教育改造、安置帮教结合起来。

（3）管理社区：网格化。把街道办事处管辖的社区进行网格化细分，社区管理按网格包干，实行"一格多员"的精细化、规范化的网格管理。

（4）服务民众：为来访或信访的群众提供受理、跟踪、督办、催办、反馈、销案等服务工作以及法律咨询服务、法治宣传教育、安置帮教等。

综合起来看，广东的镇（街道）综治信访维稳中心虽然被誉为"社会管理创新的广东模式"，但实际上是一个混合体。一方面，新旧手段并用，它既采用了许多传统的硬性的社会控制手段（如"大综治"防控框架中的一些做法），也有被称为社会管理创新的新方法（如"扇形"调解机制以及强化社区管理、提供便民服务）；另一方面，异质元素并存，它把最终通向法治的调解、强力部门的打防管控、严格的网格化管理和柔性的便民服务糅合为一体，确有从简单粗放的社会控制向社会管理和服务转变的态势，但如何让这些元素有机整合为一体却是一个未知数。因此，这种混合体能否最终把化解社会矛盾引向法治化的轨道、降低维护社会稳定的成本，依然是一个需要由未来的实践来回答的问题。

（二）社会保障：非均衡的双轨作业

在一定意义上，社会保障是社会面临市场风险，在社会自我保护运动的驱动之下，由国家逐步建构的一套对社会成员的基本生活权利给予保障的安全制度。现代政治经济学的研究表明，"市场是必要的，但市场必须'嵌入'在社会之中"[①]。正如卡尔·波兰尼所说，市场力量的不断扩张或早或晚会引发旨在保护人、自然和生产组织的反向运动，这种反向运动奉行社会自我保护原则，运用保

---

① 王绍光：《大转型：1980 年代以来中国的双向运动》，载《中国社会科学》2008 年第 1 期。

护性立法与其他干预手段作为其运作手段。① 学者的研究表明，在20世纪90年代之后，随着中国版本的社会自我保护运动的兴起，中国开始告别原来的那种只有经济政策而没有社会政策的政策思路，重建中国的社会政策体系。②

从这一角度来看，作为对社会自我保护运动某种程度的回应、体现国家社会政策重建的社会保障建设虽然在广东探索较早，但确实是在进入21世纪之后才获得了迅速发展。在"十五"期间，广东社会保障工作实现了"两个大扩展、三个根本性转变"：在保障对象上，实现从国有单位职工向所有劳动者、其他非就业群体的扩展；在覆盖范围上，实现从城镇向农村扩展；在制度体系上，实现从单一制度向多层次保障体系的转变；在工作机制上，实现从主要依靠行政手段向法制化的转变；在管理服务方式上，实现从粗放管理向规范化、信息化、社会化管理的转变。③ 正是经过多年的探索和发展，一个以社会保险、社会救济、社会福利、优抚安置和社会互助为主要内容，多渠道筹集保障资金的社会保障体系目前在广东已经基本建立起来。④

从资金来源的角度来看，广东现行的社会保障体系以双轨作业的方式运行：一是由社会统筹提供资金来源的社会保险（包括养老、医疗、失业、工伤和生育保险），二是经费由政府财政支付的社会保障（主要是社会救济、社会福利、优抚安置等）。在此双轨作业的运行体系中，社会保险发展较快，相对比较突出、强势：社

---

① 参见卡尔·波兰尼《大转型：我们时代的政治与经济》，浙江人民出版社2007年版，第114页。

② 参见马骏《经济、社会变迁与国家重建：改革以来的中国》，载《公共行政评论》2010年第1期。

③ 参见王宁《社会巨变——广东社会发展30年》，广东人民出版社2008年版，第280页。

④ 参见李惠武《广东省社会保障水平现状分析及总体评价》，载《广东经济》2007年第7期。

会保险支出在广东社会保障总支出中占有很高的比重,社会保险是广东社会保障支出的主力军。① 如表 6-5 所示,2014 年广东省的社会保障在全国居于首位的指标主要集中在社会保险方面,如养老保险参保人数、城镇基本医疗保险参保人数、失业保险参保人数、工伤保险参保人数、生育保险参保人数、基本养老保险基金收入、城乡基本医疗保险基金收入、失业保险基金收入、生育保险基金收入等均居全国首位。这表明,广东省社会保障的社会化程度比较高。

表 6-5 2014 年广东省各项社会保险的基本情况

社会保险 基本情况	参保人数 (万人)	基金收入 (亿元)	基金支出 (亿元)	累计结余 (亿元)
基本养老保险	1 (7217.1)	1 (2240)	6 (1395)	1 (5741.9)
城镇基本 医疗保险	1 (9804.2)	1 (1054)	1 (815.4)	1 (1558.7)
失业保险	1 (2840.2)	1 (135.6)	8 (27.7)	1 (515.7)
工伤保险	1 (3092.6)	2 (64.5)	2 (41.8)	1 (217.1)
生育保险	1 (2801.3)	1 (45.8)	4 (31.9)	2 (73.8)

注:方框内排在前面的数字为该指标在全国的排名情况,括号内数字为各项基金的数值。②

因此,这是一种以社会保险为主导的社会保障运行方式,其优势之一是尽可能利用市场和社会的力量,以减轻政府的财政负担。作为广东的一项创新,医疗保障的"湛江模式"在一定程度上可以印证这一点。所谓医疗保险的"湛江模式",就是"城乡一体、市

---

① 参见李惠武《广东省社会保障水平现状分析及总体评价》,载《广东经济》2007 年第 7 期。

② 资料参照《中国劳动统计年鉴 2015》整理。(参见国家统计局人口和就业司、人力资源和社会保障部规划财务司《中国劳动统计年鉴 2015》,中国统计出版社 2016 年版。)

级统筹、保险公司参与"三者合一。"城乡一体"是指在筹资标准、参保补助、待遇水平等方面实现城乡一致;"市级统筹"就是将原来由各区县统筹提升为市级统筹,建立湛江市城乡医保统一结算平台、统一政策制定、统一管理的"三统一"医疗保险管理体系;"保险公司参与"则是指商业保险公司参与医疗保障体系建设和管理服务。其具体运作涉及参保人、政府和商业保险公司:在居民缴纳的 20 元或 50 元中,由湛江市社保基金管理局分别提取 15% 购买保险公司提供的补充医疗保险,即大额医疗补助保险。这使湛江市参保城乡居民的医疗保险最高报销金额由原来的 2 万元分别提升至 8 万元和 10 万元,超过住院统筹基金 2 万元的费用,由保险公司来理赔;2 万元以下的,由社保基金管理局的住院统筹基金来支付。医疗保险"湛江模式"的特色即在于借助商业机构的利益驱动和效率优势,推动医疗保险全流程的优化和效率提高,用最少的政府投入和最低的群众缴费,实现最大化的医疗保障水平。[①]

然而,在这一社会保障双轨作业的运行体系中,相对于强势突出的社会保险,由政府财政经费支付,以社会救济、社会福利等为主要内容的社会保障却显得相对薄弱。在此,我们不妨以城镇低保支出水平为例来进行讨论。从表 6-6 中可以看出,根据 2016 年 11 月份全国县以上城镇低保数据统计,广东省城镇人均最低生活保障支出水平为 462.84 元,比全国平均水平的 326.98 元多 135.86 元,但比北京市(726.97 元)、天津市(703.41 元)、上海市(729.58 元)、浙江省(543.62 元)4 个省级单位的平均水平低很多,仅比全国其他省市的平均水平略高一点。从累计支出总额看,作为全国第一常住人口大省的广东的前 8 个月低保支出总额只比北京市、天津市、江苏省、浙江省、福建省、山东省、广西壮族自治区、海南省、西藏自治区、青海省、宁夏回族自治区共 11 个省级单位高,甚至比

---

① 参见《"湛江模式"催生医保新样本》,载《中国青年报》2011 年 3 月 7 日。

上海市、重庆市两个直辖市的支出总额都少。这一事实在一定程度上可以说明，在由政府财政经费支付的社会保障方面，广东在一定程度上已经取得了不小进步，但在全国还是处于一种相对落后的状态，这不仅与广东作为经济强省的地位非常不相称，而且与广东在社会保险方面走在全国前列形成巨大的反差。

表6-6　2016年11月份全国县以上城镇低保状况

序号	地区	城镇最低生活保障人数（人）	城镇最低生活保障家庭数（户）	城镇最低生活保障累计支出（万元）	城镇最低生活保障支出水平（元）
	全国合计	14907940	8598296	5854225.4	326.98
1	北京市	82987	49333	70506.2	726.97
2	天津市	122411	74807	109380.1	703.41
3	河北省	477012	274582	159803.7	277.19
4	山西省	548041	289038	195375.7	307.13
5	内蒙古自治区	498167	308181	236772.7	398.38
6	辽宁省	623761	374439	289187.8	370.17
7	吉林省	682912	456235	282513.8	337.74
8	黑龙江省	1124750	680887	428731.8	337.45
9	上海市	168906	120395	143041.2	729.58
10	江苏省	251499	142987	123477.1	392.84
11	浙江省	96344	67151	55469.7	543.62
12	安徽省	549572	346891	237220.1	364.1
13	福建省	88745	55562	43297.6	340.46
14	江西省	877923	425594	321261.5	326.38

续表6-6

序号	地区	城镇最低生活保障人数（人）	城镇最低生活保障家庭数（户）	城镇最低生活保障累计支出（万元）	城镇最低生活保障支出水平（元）
15	山东省	310655	173606	128742.9	324.46
16	河南省	829515	515827	261017.5	248.17
17	湖北省	553488	340252	234574.7	292.39
18	湖南省	1122933	661841	361241.2	270.63
19	广东省	253676	131778	137393.1	462.84
20	广西壮族自治区	227401	122847	88463.4	294.74
21	海南省	76266	36589	28651.6	325.75
22	重庆市	348647	215385	151504.5	359.86
23	四川省	1362488	824928	434675.4	272.5
24	贵州省	358154	202711	145815.1	342.65
25	云南省	904818	596393	327730.5	311.93
26	西藏自治区	37326	21495	22461.6	423.43
27	陕西省	440112	218938	175333	323.72
28	甘肃省	711050	297894	262648.9	323.37
29	青海省	161642	80970	55594.4	294.16
30	宁夏回族自治区	145783	77011	55198.9	317.26
31	新疆维吾尔自治区	870956	413749	287139.7	285.63

资料来源：民政部网站（http://www.mca.gov.cn/article/sj/tjyb/dbsj/201611/201612271108.html）。

上述广东社会保障中强弱不均的双轨作业或者说一手硬一手软的状况在一定程度上表明，广东实行以社会保险为主的社会保障制度以来，虽然广东省经济的强劲增长为社会保障支出增长提供了有力保障，但广东社会保障的总体水平仍然偏低，不仅没有与人口增长、人均 GDP 增长等指标达到同步增长①，而且一直没有达到适度水平的下限，且差距较大②。就构建一个有保障的社会而言，社会保障确实是广东社会体系中一个显著的短板。造成这一结果的原因固然是复杂多样的。不过，从根本上看，其根源还在于中国的社会政策在很大程度上受制于经济政策，还没有真正确立其自主性。因此，无论在中央还是在地方，社会保障主要服务于经济增长和社会稳定，而不是着眼于满足公民的社会权利。③ 广东在这一点上不仅并非例外，而且相当典型。

（三）社会建设：成长与发展之中

就社会层面而言，如果说在社会秩序的维护上广东还没有完全走出粗放的控制，其社会管理方式有待创新，而总体水平不高的社会保障则是其社会体系中的短板，那么，处于成长与发展之中的社会建设则是其最为突出的亮点。所谓"成长"，是指广东的社会建设由逐步发展的三根支柱（公民权利意识、社会组织和公民参与）托起，这是其内部自主性之体现；所谓"发展"，则是指政权系统的引导和扶持、官方媒体的呼应和呼喊构成其成长的外部推力，这是其外部建构性的根源。

---

① 参见李惠武《广东省社会保障水平现状分析及总体评价》，载《广东经济》2007 年第 7 期。

② 参见岳经纶《中国的社会保障建设——回顾与前瞻》，东方出版中心 2009 年版，第 380～381 页。

③ 这一观点得益于中山大学政治与公共事务管理学院彭宅文博士的分享，特此致谢。

支撑广东社会建设的第一根支柱是觉醒中的公民权利意识。公民权利意识的觉醒集中体现为公民政治权利意识的觉醒。例如，公民的知情权、参与权、表达权、监督权等政治权利意识的觉醒：深圳公民吴君亮先生基于公民的知情权，确信公民有权了解政府的预算安排，从2008年以来一直致力于推动各级政府部门公开预算，被称为中国内地"推动预算公开第一人"；2003年，在深圳市区级人大代表的换届选举中，以肖幼美为代表的几位深圳居民自主参与人大代表的选举，被学界和媒体称为"深圳竞选风云"，集中体现了公民参与权意识的勃兴；[1] 惊动了时任中共广东省委书记汪洋的广州16中高一学生陈逸华在广州地铁站口"举牌"组织市民签名质疑广州地铁一号线翻新，以"举牌哥"的形象生动地演绎了公民的表达权；2011年4月以来，广州普通市民欧伯在短短几个月的时间内多次向有关部门实名举报政府公职人员的公车私用，其举报行为被媒体誉为凸显了公民监督权意识兴起的"欧伯现象"。虽然概括性的结论有待翔实的经验数据的确认和支持，但不可否认的基本事实是，相对于全国其他地区，广东公民的权利意识确实更为明确、清晰。

支撑广东社会建设的第二根支柱是发展中的社会组织。近40年来，广东省社会组织的发育在数量上已有长足的进展。据一项统计数据显示，在2014年，广东省共有社会组织47680个，包括社会团体、民办非企业和基金会。其中，全省有社会团体22132个、民办非企业24990个、基金会558个。[2] 同时，在广东，一些志愿性服务组织不仅在数量上占有一定比例，在功能上它们服务弱势群体、保护生态环境、维护公民权益等，而且在组织的合法性、运作的规范化和服务的专业化上也取得了长足进展。我们以广东省的志

---

[1] 参见唐娟、邹树斌《2003年深圳竞选实录》，西北大学出版社2003年版。
[2] 参见徐立《中国民政统计年鉴2015》，中国统计出版社2015年版。

愿服务组织为例对此略做说明。根据广东省民政厅"全国志愿者队伍建设信息系统"的数据统计显示，在2014年通过该系统注册的志愿者数量超过2.7万人、志愿服务组织数量162个、志愿服务总时数4159小时。广东省连续3年在国际志愿者日期间举办志愿服务广州交流会（以下简称"志交会"），搭建起"志愿服务供需对接""项目与社会资源对接""项目与志愿者人力资源对接"三大平台。三届"志交会"共汇聚爱心资源3507万元，资助了749个社会组织、1058个优秀项目，实现了志愿服务"人、资源、项目、需求"等要素的无缝对接和有效配置。2014年团中央、民政部将广东"志交会"上升为全国性青年志愿者活动，广泛发动国内优秀志愿服务项目及机构参展，将其打造成全国性志愿服务交流盛会。①

　　支撑广东社会建设的第三根支柱是公民参与。广东的公民参与不仅依法进行、日趋活跃，而且形式多样、独具特色。这里仅就其特色略述两点。一是公民参与直接介入政府制定公共政策的过程，在合法的理性抗议和积极的建设性参与两条线路同时展开。印证这一特征的典型事例是，自2009年9月份开始持续近2年时间的番禺居民反对在居住地附近建垃圾焚烧站事件。一方面，番禺居民以"我们不要被代表"为口号，通过网上讨论、签名等方式质疑政府在邻近家园的地方建垃圾焚烧厂的决策，最终他们以合法的理性参与成功地阻止了当地政府对这一决策的执行。另一方面，他们以积极的建设性态度发动政策辩论，寻找政策的替代方案。他们在互联网上建立网络论坛，广泛收集与垃圾处理相关的各种知识与信息，汇集各种技术专家的意见，就垃圾问题的处理进行政策辩论，并提出将垃圾分类作为垃圾焚烧的替代方案。正是建设性的参与方式和

---

① 参见广东省民政厅《2014年民政重点工作，综合评估优秀省份系列报道之广东篇》，载《中国社会科学报》2015年2月4日。

操作策略使番禺居民成功地成为政策辩论中有资格的"对方辩友",①成为政府公共政策制定过程中不可低估、不可或缺的重要力量。二是权益表达、公共关怀与行为艺术相结合。诸如"举牌哥"在地铁举牌要求广州市政府停止地铁翻新;"鲨鱼妹"在公共场合打出"SOS"要求拯救鲨鱼;"光头哥""以剃光头照亮广州"要求广州市政府停止珠江两岸上亿光亮工程;"口罩男"戴着"口罩"在广场上与广州市住房和城乡建设委员会负责人对话,质疑亚运整治工程中的铺张浪费;等等。这些公民参与行为在形式上似乎都有行为艺术的特征,而在实质上则是合法权益的表达、公共利益的诉求。总之,广东公民不仅以其公民参与活动深刻地影响了政府作业,使政府在公共决策中更多地倾听、吸纳公众的意见和诉求,推动政府向对民众更加负责的方向发展,而且他们自身也在公民参与中培养了公民意识,提升了公民能力,为广东社会建设的成长注入了活力。

广东的社会建设在成长和演化中,也得到了广东省各级党委和政府的大力扶持。首先,上述广东公民权利意识的觉醒就与政府的主动发展是分不开的。例如,深圳市明确把公民权利意识界定为"社会成员对公民资格及其价值的确认,对国家主体地位的确认,对宪法和法律规定的权利和义务的认同"。② 在 2010 年发布的《广东省建设文化强省规划纲要(2011—2020年)》中,中共广东省委、省政府把"强化公民的国家意识、社会责任意识、民主法治意识等价值理念"列为广东文化建设的重要内容,展示了广东省实施现代公民教育的战略宏图。其次,包括志愿服务组织在内的社会组织的发育成长得到了广东各级政府部门的大力扶持。例如,广州市

---

① 参见郭巍青等《垃圾处理政策与公民创议运动》,载《中山大学学报(社会科学版)》2011 年第 4 期。
② 中共深圳市委政策研究室:《让深圳成为公民意识教育的先锋城市》,载《深圳特区报》2009 年 4 月 2 日。

注重创新社会组织登记管理体制，在全国率先开展市一级科技类民办非企业单位由民政部门直接登记管理的改革试点，将公益服务类社会组织业务主管单位改为业务指导单位，由民政部门直接登记管理；深圳市着力推动"社会组织孵化基地"项目筹建工作，该项目由政府出资建设，民政部门管理，统一为社会组织提供工作、活动场所和信息服务；汕头市确定了行业协会改革创新的内容，并选取7个重点行业协会为全市"行业协会改革创新观察点"；佛山市制定了《佛山市社区社会组织培育发展工作方案》，进一步促进了社区社会组织的发展。① 在2011年通过的《中共广东省委 广东省人民政府关于加强社会建设的决定》中，中共广东省委、省政府更明确地提出要推动社会组织健康有序发展：降低准入门槛，简化登记办法，探索公益慈善类、社会服务类、工商经济类等社会组织直接申请登记制。最后，以南方日报报业集团为主体的南方报系，作为由执政党和政府主导的纸媒，不仅为广东社会组织的成长提供了相对宽松的舆论环境，而且直接参与了社会组织的发展建设。举例来说，旨在成为南方民间思想集散地的"南方民间智库"就是由南方报业传媒集团推动、由《南方都市报》与"奥一网"联合多位民间思想者发起的社会组织，目的是将广东有益的社会力量组合在一起，让"民间智库提升广东软实力"。②

综合上述分析，我们不难发现，在广东模式第三个支点的社会体系中，维护社会秩序的机制还处于从简单粗放的控制（或者说"维稳"）向社会管理与服务转变的过程之中，从社会控制走向社会管理是一个远未结束的任务；社会保障正在加速建设之中，但软硬不均、总体水平不高，是社会体系中一个明显的短板；逐渐浮出

---

① 参见方向文《广东省民间组织管理局方向文局长在广东省社会组织管理工作会议上的讲话》，见 http://www.gdngo.org.cn/news-view.asp?NID=327。
② 参见《首届广东网民论坛开坛 "南方民间智库"正式成立》，见 http://news.sina.com.cn/c/2009-11-02/171916540440s.shtml。

水面、展现出勃勃生机的社会建设格局则是广东社会体系中的最大亮点，尽管处于艰难的成长之中。在此格局下，参差不齐的三个板块构成了一个非平衡、非对称的社会体系，其内部结构具有极大的紧张性，而其整个体系则具有明显的脆弱性。因为在社会秩序、社会保障和社会建设三者保持相对均衡的良性社会体系内，社会秩序的维护、社会稳定的实现不仅依靠法治之下的社会管理，而且以有力的社会保障和成熟的社会建设作为其坚实的基础：社会保障化解个人面对的风险，提供基本的社会安全；社会建设构成公民利益表达、权益维护的平台；只有依托前两者，也就是在社会体系的三个板块之间保持某种程度的相对平衡，社会秩序与稳定才能得到最切实的保障。从这个角度看，广东目前社会体系的格局离三者相对均衡的良性状态还有很大的距离。

六、结语：广东模式的历史与未来

基于上述分析，我们从以下几个方面入手，提出一些可供进一步讨论的观点，并以此作为结语。

（一）基本格局

从构成元素和结构形态来看，由政治、经济和社会三大支点构成的广东模式实际上是一个新旧元素混合、结构尚未定型的混合体。具体来说，这是一个由集刚性和弹性为一体的威权体系（政治)、政府主导的市场经济(经济)与参差不齐的非均衡社会体系(社会)构成的具有双面特征的混合体。一方面,以经济增长为中心,政治、经济和社会三大支点之间有某种程度的功能配合。例如,威权体系的刚性和严密的社会控制携手为经济增长提供了稳定的政治和社会环境,而威权体系的弹性(如放权)与市场机制协同则给经济发展带来了很大的自主空间和竞争活力。另一方面,由于新旧元素的混合,整个体系在运行过程中也充满了结构性的紧张,这种紧张性不仅体现在三大支点内部(如在威权体系内部刚性与弹性之间的紧张、经济运行中政府主导与自由市场之间的紧张、社会体系中僵硬的社会控制与成长中的社会建设之间的紧张),还表现在三大支点之间(如法治不健全和总体水平不高的社会保障与市场经济之间的紧张)。

(二)历史定位

如果上述对广东模式整体格局的把握主要基于现实观察,那么,对其定位则需要进入更为广阔的历史视野。综观1949年之后中国60多年的历史进程,1979年可以作为前后两个30年的分界线:在1949—1979年的30年中,国家在政党主导下对政治、经济、社会资源进行高度整合,依托于政党的国家最终完全吞噬了市场与社会,从而形成了以政党/国家为中心的一体化体系;从1979年开始,经过近40年的改革与开放,随着国家释放市场,社会也开始从国家中逐步分离出来,国家、市场和社会三元结构分化的态势已经基本展现。从这一历史角度来看,处于改革开放前沿的广东不过是在国家、市场和社会三元结构分化的过程中先行一步的典范而已。在此意义上,广东模式的历史定位是,从以前僵硬的国家吞噬市场和社会的一体化体系向国家、市场和社会三元结构分化、良性互动格局转型中的一种过渡形态。其结构形态和历史处境如图

6-5所示。

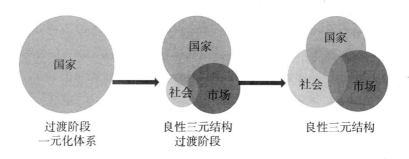

图6-5 国家与社会、市场之间的关系变迁

正是作为一种历史过渡形态，广东模式的历史性格呈现了三个方面的特质：从制度框架来看，它已经走出了一体化体系，但离国家、市场与社会结构分化与良性互动的理想格局还有很大的距离，故此，它仍然处于演变之中，还没有定型；从运行条件来说，它不仅有自身的优势条件（如地理优势等），而且有独特的时代机遇（如改革开放的大气候、20世纪中央对广东的放权以及国际产业转移等），所以，它也难以简单地复制；就运行成效而言，广东模式取得了举世瞩目的经济成就，但也付出了沉重的代价（如环境破坏等），而且目前面临着严峻的现实挑战，这意味着它也难以成为可以简单效仿的模板。

（三）精神内核

从长远看，广东模式虽然是一种历史的过渡形态，但它的精神内核将具有持久的正面价值。概而言之，这种精神内核集中体现为两个基本元素：一是思想解放，二是改革开放。在此精神内核中，思想解放与改革开放是两个不可分割、彼此关联、相互推动的元素：思想解放引领改革开放，改革开放呼唤思想解放，二者一体两面。因此,这里集中论述改革开放的精神价值。在一定意义上,时任中共广东省委书记任仲夷在 20 世纪 80 年代提出的"三放"方针不仅有其具体语境中的历史意义,而且富有精神价值,它是对立足于思想解放基础上的改革开放精神准确精到的一种诠释:对外更加开放,对内更加放宽,对下更加放权。[1] 就一体化体系的现代转型而言,"三放"方针从三个层面展现了改革开放的精神价值:对外更加开放,针对以前一体化体系的封闭状态,主张以更加开放的姿态面对全球化;对内更加放宽,直指一体化体系中的全能主义,主张不仅要容纳更大的经济自主空间和社会自主空间,而且要营造宽松的舆论环境和精神氛围;对下更加放权的锋芒则指向一体化体系中上级对下级、中央对地方的集权主义,以克服邓小平所批评的"权力过分集中"的现象。显然,由于中国改革开放的大业尚未大功告成,"三放"方针所蕴含的广东模式的精神内核——立足于思想解放基础上的改革开放,将是中国实现一体化体系现代转型极为重要而持久的精神资源。

(四) 实践品格

在制度层面上,经过近 40 年的改革开放,广东虽然没有在总体结构上实现一体化体系的制度转型,但为了实现经济增长的战略目标,广东进行了一系列的治理创新:政治/法律层面上,从下放政府权力、构建法治政府、推动党内民主问责到预算公开、网络问政等;经济层面上,从构建市场经济新体制、建立现代企业制度到逐步建立公共财政体制、创新宏观调控体制等;社会层面上,从摸索社会管理的新方式、创建社会保障的新机制到给社会组织的成长创造制度空间等。所有这些程度不同、领域相异的治理创新都在传

---

[1] 参见向明《改革开放中的任仲夷》,广东教育出版社 2000 年版,第 493 页。

统一体化体系的制度框架中注入了新的制度元素。尽管这些新的制度元素或者还不成熟（如市场经济依然为政府主导，还不是典型的法治下的市场经济），或者只是局部性试验的产物、尚未形成突破性的进展（如预算监督、网络问政等形式所体现的制度民主），或者还很微弱（如成长中的社会建设），但它们所展现的市场经济、法治民主、社会保障、社会建设无疑预示了中国国家治理现代化不可背离、必须遵循的大方向。就此而言，治理创新是广东模式显著的实践品格，它与其精神内核（思想解放、改革开放）互相辉映、相互支撑，一起成为广东模式中最为耀眼的两大亮点。

（五）双重挑战

经过近40年的发展，广东模式运行的实践效果（尤其集中体现为经济增长）有目共睹。但是，作为一种过渡形态，这一模式也面临双重挑战：一重挑战是来自表层的挑战，具体表现为经济增长方式如何从外源型经济向内源型经济转型，如何在"做大蛋糕"（效率）与"分好蛋糕"（公平）之间寻求平衡（尤其是如何在继续保持经济增长的同时逐步消除广东内部的城乡差别、区域差别和贫富差别），社会秩序的维护如何从生硬粗放的社会控制向服务取向的社会管理转变以及如何有效地控制腐败；另外一重挑战则是来自深层的挑战，这种挑战根源于体制性的内在难题——一体化体系的垄断逻辑与市场经济的竞争逻辑之间的紧张性和排斥性，这是根本性的结构性挑战。换言之，广东模式在深层上面临的最大挑战在于，如何建立适应现代市场经济的法治民主和公平正义的制度框架，如何在市场、社会与国家逐步分离的状态下形成三者之间的良性互动格局。这意味着广东模式面临着深刻的转型问题。

(六)未来展望

从长远来看,广东模式未来的转型取决于改革开放大业在广东和全国的深入推进。就广东而言,在继续推进经济建设基础上着力进行社会建设是目前广东模式转型的重要抓手。毕竟,无论是从外源型经济向内源型经济的转变,还是强化社会福利保障以应对社会民生问题,无论是社会稳定成本的降低还是社会组织活力的激发,社会层面的改革与建设作为广东模式中的短板,无疑都是广东发展的当务之急,正处于前所未有的重要地位。就此而言,广东省委、省政府出台关于加强社会建设的决定当是适时之举动。不过,社会建设不是孤立的,必须有相应的政治建设与之相呼应。因为从国家权力与公民权利的关系来看,如果说市场化取向的经济改革主要满足了公民的经济自由权利,扩展了经济自由的空间,那么,以公平正义为导向、以提升民生福祉为重心、以扩大社会自主空间为目标的社会建设落实的是公民的平等权利、社会福利权利以及公民的结社自主权利。通俗地说,公平正义、民生福祉以及社会活力背后是"民权"。历史的经验表明,"民权"之落实依赖于公权之改革。因此,社会建设的推进最终要求把针对公权力的政治改革提到议事日程上来。从这一角度来看,广东模式的未来转型需要广东继续以思想解放和改革开放为精神资源,在推动经济可持续发展的同时,依靠社会建设和政治改革"两个轮子"的驱动,在治理创新中不断回应上述来自表层和深层的双重挑战,使广东最终成为中国走出一体化体系、获得国家治理现代化的地方范例。当然,在"全国一盘棋"的视野下,广东是中国的一部分,广东改革开放的深入推进最终还取决于中国内地的整体变革。在此意义上,广东模式不过是中国模式的地方形态而已,其未来转型无疑取决于中国模式的演变。

附录

评论：以政府改革推动社会治理创新

经过近年来的大胆探索与实践，广东在治理创新上取得了一定的成就，积累了丰富且宝贵的经验。南方日报出版社最近出版的《治理创新丛书》不仅从多个不同的层面展示了这些成就，而且对其中的经验进行了初步的梳理和总结。基于这些梳理和总结，在一种更为概括性的意义上说，政府改革驱动、社会力量参与是广东探索治理创新的特色之路，也是一条最为重要的广东经验。

政府改革是治理创新的政治起点。之所以说是政治起点，理由在于政府改革的实质是权力改革。从实践来看，这种权力改革分别从政府权力结构的内外两个维度展开。在政府内部，横向上实行大部制，以减少机构、提高行政效率，顺德、深圳等地的探索具有示范意义；纵向上则是上级政府向下级政府放权，放权是南海、顺德等地简政强镇改革中的重要元素。从政府与外部的关系看，广东新一轮的行政审批制度改革集中体现了政府权力改革的两大基本点：一是限权，即政府通过减少审批权以实行自我限权；二是还权，即政府通过向社会组织转移某些审批权以还权于社会。放权、限权与还权以及整合机构的改革行为表明政府改革的大方向是构建一个权力有限、政府与市场和社会边界划分明确的有限政府和有效政府。这既是治理创新的起始点、突破口，也是关键所在。

正是在政府改革的驱动下，广东治理创新的探索不仅遍布全省各地以致极富地方特色，而且在多路展开中逐步展现出治理创新的整体画面。仅就该套丛书描述的治理创新实践而言，其中值得特别关注的亮点有三个，它们集中体现了广东治理创新的一个关键元素——让民众和社会参与进来。

一是依托网络问政了解民意以增强民众与政府的良性互动。网络问政是互联网时代民众参与公共事务、表达公共意见以实现民众和政府沟通的有效平台，是民众与官员平等协商对话的重要路径。近年来，在惠州、河源、珠海等城市的示范和带动下，网络问政已在广东各地遍地开花。从广东各地推行网络问政的实践来看，网络问政是民众与政府之间双向互动的过程：不仅政府可以通过网络问政平台了解民意、问计于民，更重要的是民众可以借助网络问政平台发布意见参与公共决策，并且在一定程度上能推动对政府官员的问责。显然，在网络问政下，民众不再被排斥在公共权力运作之外，他们已经逐步参与到公共治理的过程之中。

二是优化社会调解机制以化解社会纠纷。随着社会利益的多元分化，如何有效地化解社会纠纷、避免社会冲突已成为政府面临的新课题。基于深圳市龙岗区横岗街道六约社区的"草根"经验而总结的"政府主导、社会参与、专兼结合、网络化"的人民调解"六约模式"就这一新课题给出了富有借鉴意义的答案：让社会参与进来成为避免社会冲突的重要力量，通过人民调解把社会纠纷的化解纳入法治化的轨道。

三是培育社会组织以推动政府更好地提供公共服务。在市场经济条件下，政府改变大包大揽管理模式不可避免的选择是大力培养社会组织，借力社会组织来分担政府的社会公共服务。顺德容桂镇为之提供了很好的范例：容桂镇政府采取各种措施培育各种社会组织，比如商会、慈善会、村居福利会、文体协会、青少年成长促进会等，让社会组织参与社会公共服务的供给，不仅有效地解决了政府编制少、人员少与社会服务任务重的矛盾，而且使社会服务的质量也得到了有效的提高。

如果说政府改革是广东治理创新关键性的启动点、突破口，公民和社会力量参与是治理创新的关键元素，那么，随着治理创新探索在全省各地的不断推进，一种结构性变革的前景已经初步呈现，即从单一的政府统治向多元的协同治理转型。协同治理是一种以政府治理主体为主，社会组织、公民个体以及公私部门等多元主体为辅，政府与社会紧密协作、良性互动的新格局。在理想的协同治理结构中，一方面，政府虽然扮演治理主体的角色，但不仅其权力范围有限、权力运行受到法治框架的约束，而且承担为公民和社会提供优质公共物品和公共服务的责任；另一方面，社会组织、公民个体成为参与公共事务治理的积极力量，社会是多元协同治理结构中不可或缺的重要元素。毫无疑问，这正是治理创新实践所追求的最高目标，也是治理创新探索的意义所在。

从这一角度看，在探索治理创新的实践中，广东不仅任重道远，而且责任重大。因此，我们期待广东继续深入推进集经济、政治和社会于一体的综合改革，为探索中国治理结构的转型和创新再度先行一步。

（原载于《南方日报》，2012年12月2日）

访谈：寻求更优的国家治理

在《历史的终结及最后之人》出版之后，福山对民主的再思考经过了漫长而曲折的过程；在新著《政治秩序与政治衰败》中，福山指出，制度要素的发展顺序至关重要，在国家能力不足、法治尚未完善的条件下，民主可能非但不能解决问题，反而会成为问题本身。而如美国这样的成熟民主国家也可能发生逆转，发生所谓的"政治衰败"。这些观点对正处于深化改革时期、追求国家治理体系与治理能力现代化的中国来说，无疑有着重要意义。

就如何理解福山观点的变化，如何理解"国家治理体系和治理能力现代化"等问题，本报专访了著名政治学者、博士研究生导师、中山大学政治与公共事务管理学院院长肖滨。

国家治理能力处于基础性地位

时代周报：在《历史的终结及最后之人》之后的几部著作里，福山对民主的看法有比较大的调整，更加强调国家能力的概念，您如何评价福山近年来观点的变化？

肖滨：福山的观点前后仍是比较一致的，在东欧剧变之后，他其实已经敏锐地意识到国家能力的问题，在《国家建构：21世纪的国家治理与世界秩序》这本书里，他已经特别强调这个问题。如果说福山的观点确实有些调整，这实际上也是目睹世界政治变化所产生的观点，也就是强调民主之外，国家的法治、治理能力具有更基础性的意义。这跟晚近以来国际政治学界对民主的研究是相关的，就是亨廷顿所称的民主化的第三波浪潮的后期。这波浪潮开始于1974年的葡萄牙，到了20世纪80年代末、90年代初的时候，国际政治学界就已经意识到民主的两种顺序的问题：一种就是先有强大的国家建设，法治也好、国家能力也好，都要有坚实的基础，选举民主才能进来，这叫作正向民主；另一种就是国家能力比较孱弱、法治基础也很薄弱，特别是后来的一些拉美国家，这个时候选举民主猛烈袭来，可能就会让选举民主效果不彰，学界把它称为反向民主。要在民主跟治理之间取得一个平衡的话，国家能力的建设确实处在一个基础性的位置，从这个角度来看，福山的观点不是孤立的，而是对第三波浪潮进行反思的一个结果。

时代周报：福山说，治理能力对发展和秩序十分重要，并将治理能力视为民主之外的另一个变量，抛开政体，我们如何理解"治理能力"的概念？

肖滨：不管是福山，还是其他学者，都注意到一个政治秩序建构的顺序问题，即哪个更具有优先性、基础性。这一拨学者对第三波的反思就是国家的治理能力可能具有更优先性、基础性的位置，民主的到来不能够越过国家能力的建设。国家能力的定义有很多种，但是我想一个国家征税的能力、对资源的控制能力、对基层的渗透能力都是基本的国家能力，也就是对一个国家的强制力。

法治建设关键在于对法律的敬畏

时代周报：中国的飞速崛起也很受福山的关注，您认为中国发展模式目前面临的最大挑战是什么？

肖滨：前两年关于中国模式的问题也有很多的讨论，中国改革开放近40年的发展是见证了这种模式的优势的。这种优势有三个：

第一个优势是国家的宏观把控跟市场竞争机制的组合，改革开放以来国家的全能主义有所收缩，但并不是一个"守夜人国家"，而是一个既有限又积极作为的国家跟市场机制的组合。第二个优势是统一而富有权威的中央政府与分权而竞争的地方政府的组合，中央的总体把控能力一直是很强的，政治集权，但是在行政上分权，同时因为增长的锦标赛，各个省份之间拼命地竞争，这就形成一个有趣的组合，也是一个比较大的优势，改革开放近40年来我国对中央、地方关系的处理还是比较巧妙的。第三个优势是执政党一方面坚持对国家的领导，但另一方面党也不是没有调适的，比如说放弃阶级斗争，对政治精英的筛选、储备，所以适应能力很强，学习能力很强，这也是优势所在。边缘一直在调适，但是核心是不变的，这中间还有一个保护带，这就更为复杂了，这里就不讨论了。

那么挑战是什么呢？我认为最简单的一点就是市场的逻辑跟政府对权力的掌控还是有非常大的紧张性。在行政层面上讲是这样，在法治层面上也一样，市场经济是要求法治的，而目前的政治体系离这一要求还有差距。这个紧张性在政治上还是比较深层的，新一代领导人对此的战略就是依法治国，使国家治理在法律框架下进行，进一步重塑法律的权威，这个布局还是清晰的。其次就是对效率、增长的看重客观上造成公平、平等的问题，趋向公平意味着对利益结构的调整，所以也不是一个短期问题。另外，目前的增长方式对资源的耗费、环境的破坏也是重要方面。

时代周报：怎么理解法治建设与中国传统价值观的关系？

肖滨：一般来说，中国的传统文化是不太支持法治建设的，中国的传统价值更偏好人治，比如说修身、德行、领袖的权威等，但我觉得也不是那么简单的，中国传统文化里是有些有助于法治建设的东西，不是没有。如果我们把法治理解为规则的运行，其实中国的传统里还是非常讲规则的，也有很多有利于法治建设的资源。比如"信"，古代的商人之间对契约有着很好的理解，甚至不一定要用法律来约束。当然它不像西方文明或欧洲文明那样，对法治的支持非常直接和正面。比如《旧约》里，有问题时，神就与人立约，为什么翻译成一个"约"字，就是这个意思。中国传统里就没有这种资源，学者不要那么简单地去找，这个是可以挖出来的，那个也是可以挖出来的。即便有，也应该经过创造性地转化，使其跟现代的法治价值能够结合。

法治要作为一栋高楼、一座大山立起来，仍需要两个条件：一个是外在的强制，触犯了法律就要受到惩罚；另一个是人们内心对法律的敬畏、认同，以及对相互之间遵守法律的信任，假如合约的双方都怕对方不守法，最后就可能导致撕毁合约，大家都不守法，这也可以看出诚信对法治的作用。

时代周报：法治建设，地方政府的空间在哪里？

肖滨：首先，地方政府，尤其是省级政府和特区政府，是有一定立法权的，在不违背上一级法律的条件下，是有一定空间的，包括政府条例也是有一定空间的。其次，现在国家也在改革地方司法机构，地方人民法院和人民检察院相对于地方政府的独立性、自主性是有好处的。再次，地方政府会比中央政府遇到更多的实践中冒出来的问题，换句话说，地方政府面临着更大的立法压力，有理由回应实践中的法治需求，在这一点上地方政府比中央有优势。最后，地方的空间面积比较小，立法所面临的也不是非常全面性的问题，复杂程度不会那么高。

广东不领跑，吸引力就会下降

时代周报：行政体系改革的困难在哪里？为什么广东的行政服务要比其他地方好一点？

肖滨：行政改革的着眼点就是行政审批制度改革，它的困难是要约束行政权力的扩张，这必定会涉及部门的利益，部门的权力、资源都会减少，所以说焦点还是在这个地方，也就是部门的权威优势问题。

广东的行政服务、公共服务之所以比其他地方好一点，第一是因为广东的市场经济程度比较高，市场对政府的压力比较大，那么多企业家在这里，像深圳，有那么多创业者和优秀的企业家，他们对政府的服务是有要求的，你要是服务不好，我就把总部搬走，你玩不玩？对不对？第二是来自社会跟民众的压力，因为广东一方面社会组织很活跃，另一方面公民权利意识相对较强，公民的维权行为也比较主动，这就迫使政府为其提供更好的服务。我举个最简单的例子，以前办港澳通行证很麻烦，现在的办理流程就简单很多。第三就是广东一直不断地在进行行政权力的限定，汪洋在广东任职时期就在推广东的行政审批制度改革。他跟朱小丹联名向温家宝、李克强写信，要求中央配合支持广东的行政审批改革，广东省政府有一个团，专门去中南海跟一个部一个部对着谈，教育厅跟教育部谈，广东省发展和改革委员会跟国家发展和改革委员会谈：你能把哪些权力下放下来，只有你下放下来我才能进行改革。当然舆论环境也很重要，广东的舆论环境是比较宽松的，批评的声音也很大。所以，广东的行政服务比其他地方要做得好一点。

时代周报：在中国，繁荣社会组织的关键是什么？如何理解社会组织与商业发展的关系？

肖滨：社会组织繁荣的关键还是在政府。第一，政府要树立法治的意识，服从宪法，尊重公民的结社权。第二，繁荣社会组织对政府也是有一定好处的，有助于激发社会的活力。关键还是在于政府怎么利用手中的权力，怎么处理跟社会的关系。社会组织与商业发展并不矛盾，关键是对边界的界定。它们各有各的运行规律，通过逐步发展，包括政府的引导和规范，让它们有各自的运行轨道，这样也有利于各自的发展。

时代周报：在全面深化改革时期，广东如何继续发挥其借鉴作用？

肖滨：习近平主席对广东提出了"三个定位、两个率先"的要求，广东要成为发展"中国特色社会主义"的排头兵、深化改革开放的先行地、探索科学发展的实验区，如果说真的像定位的这样，广东模式对全国还是有吸引力的。关键是在新的形势下，中央不希望广东抢跑，因为中央现在重视顶层设计，在这个条件下，广东能不能持续领跑？这个艺术很微妙，广东可能没抢跑，但是不能不领跑。广东应该发挥它的优势，比如说现在强调创新，广东在创新上是有经验的，目前深圳做得不错，但是广东整体呢？如果广东在新一轮改革的时代不能领跑，那广东对全国的吸引力就会下降。

（原载于《时代周报》，2015年5月19日）

后 记

　　10年前，因纪念中国改革开放30周年，我接受和完成了广东政治发展30年这个"命题作文"式的课题，这是我第一次涉足广东政治发展与治理创新这个研究领域。之所以乐意接受这一课题，在《为中国政治转型探路：广东政治发展30年》一书的后记中，我曾这样写道：作为"1977级""1978级"的大学生，我们的命运与国家改革开放的历史进程紧密相连，记录这段不平凡的历史，叙述其中的故事，是我们这一代人义不容辞的责任。没想到的是，进入这个研究领域之后我就一直驻足于此，广东政治发展与治理创新已成为我观察、思考和研究中国政治与治理的一个重要切入点。转瞬许多年过去了，今天，纪念改革开放40周年的钟声即将敲响。

　　尽管当时承接研究广东政治与治理的课题具有一定的偶然性，但就个人研究的旨趣和学术情怀而言，这其实也是自己先前学术研究逻辑的延伸与扩展。本人在20世纪90年代从事政治思想史研究，在2000年后开始转向政治理论研究，尤其聚焦于复合共和政治理论的研究。在2008年前后，我从政治思想史、政治理论转向研究当代中国政治与治理，这应该是本人学术生命的自然延伸和学术关怀的最终寄托。从这一角度来看，关注广东这个改革开放的前沿阵地、试验田、先行地，对我自己开展当代中国政治与治理的研究确实具有重要意义，因为这是理解和把握中国改革开放近40年来，中国政治发展与治理改革的一个重要观察点。此外，广东虽非自己的生长之地,但我在广东已经生活了30多年,对广东改革先行开放一步的历史演进有着近距离的观察和体会。

也许正是学术研究轨迹的逻辑延伸、教学培训工作的授课需要和观察广东改革开放的深切感受,成为推动自己深入研究广东政治发展与治理创新的重要动力。在这些动力之下,这些年来我陆陆续续撰写了一些研究论文,现将它们编撰成书,以"理解中国治理的广东样本——广东经验的理论分析"为书名。尽管这本书是由一些论文汇编而成,但整体而言,全书具有较为紧密的逻辑结构关系。

具体来说,全书的逻辑结构关系体现在以下内容中:"引论"分析了中国国家治理现代化战略定位的四个维度,旨在把解释广东治理经验置于中国治理现代化这一理论高度。第一章到第五章从"省、市、区(县)、村"四个层级切入分析广东治理创新经验:第一章主要是对广东治理创新近40年的基本历程进行纵向分析、历史定位以及讨论广东治理创新与中国国家治理现代化的关系。第二章从地级市入手,广东有21个地级市(含2个副省级市),关注地级市是理解广东治理创新不可或缺的组成部分。本章通过探讨广东河源市网络问政的实践经验,对地方治理中网络问政的实践进行现代问责理论的分析,并试图为网络问政的实践提供学理支持。第三章在区县层级上选取顺德"治权改革"创新地方治理模式的案例,对其"治权改革"的历史轨迹、动力机制、改革线路等内容进行理论分析。第四章、第五章对广东治理创新的关注延伸到基层微观一级,其中第四章聚焦于广东广州市增城区下围村治理创新的个案,第五章讨论广东探索村民自治新形式的实践经验。最后一章是对作为中国治理之省级样本的广东模式进行总体性的理论解释,全方位揭示了广东模式的历史缘起、构成元素、结构形态,并对广东模式进行了理论定位和未来展望。

广东治理的经验非常丰富,但在理论上如何进行解释和论证仍是一个有待进一步探索的大课题。尤其面对中国治理经验令全球瞩目的当前格局，总结包括广东在内的中国治理经验，不仅对中国国家治理现代化具有重要的现实意义，甚至在一定意义上可以为全球治理提供中国方案的地方性经验，而且，在一定程度上有助于推动对中国治理经验的理论总结和创新。

写到这里，借后记最后的几段话表达感谢，不仅是应该的，而且是当然的。

感谢郭明博士和博士研究生方木欢！他们不仅与我一起合作研究，而且同意将我们的合作作品收录于其中；方木欢为全书的整理编辑、重新修订提供了不少帮助。

感谢马骏教授！他不仅在相关课题的研究经费上提供了支持，而且不让拖延的催稿要求，常常使我不得不从怠惰中积极行动起来。

感谢任剑涛教授！尽管他目前远离广东、问学清华，但作为中山大学的同事、同门师兄，他给予的关心、支持多年来依然如故。

感谢中山大学政治与公共事务管理学院的各位同仁！

感谢教育部人文社会科学重点研究基地中国公共管理研究中心和中山大学国家治理研究院对相关课题的支持！

感谢学界各位前辈、同仁多年来的支持和帮助！

感谢嵇春霞编辑、周玢编辑专业而细致的工作！

肖滨

2017 年 4 月 26 日